한신대학교 유라시아연구소 HEI 총서 05

엘리트로 보는
유라시아의
변화 II

한신대학교 유라시아연구소 엮음

유은하·박정호·양민지·문외준·이미지·이지은·김동엽·김수환 지음

한신대학교 유라시아연구소 HEI 총서 05

엘리트로 보는 유라시아의 변화 Ⅱ

| 초판1쇄 | 2024년 05월 31일

| 엮 은 이 | 한신대학교 유라시아연구소
| 저　　자 | 유은하 · 박정호 · 양민지 · 문익준 · 이미지 · 이지은 · 김동엽 · 김수한
| 주　　소 | 경기도 오산시 한신대길 137 임마누엘관 5001
| 전　　화 | (031) 379-0871
| 이 메 일 | hei@hei.re.kr
| 홈페이지 | http://hei.re.kr/
| 펴 낸 곳 | 다해 02.2266.9247
| 등록번호 | 301-2011-069

| 인　　쇄 | 다해 02.2266.9247

값 20,000원
ISBN 979-11-5556-275- 93300

* 이 책의 내용은 저작권법의 보호를 받는 저작물이므로 무단 전재와 복제를 금합니다.

이 책은 2021년 대한민국 교육부와 한국연구재단의 지원을 받아 수행된 연구임
(NRF-2021S1A5C2A01090085)

한신대학교 유라시아연구소 HEI 총서 05

엘리트로 보는 유라시아의 변화 II

한신대학교 유라시아연구소 **엮음**

유은하 · 박정호 · 양민지 · 문익준 · 이미지 · 이지은 · 김동엽 · 김수한 지음

차 례

'엘리트로 보는 유라시아의 변화 Ⅱ'를 펴내며 ·············· 8

1장 중국 시진핑 집권 3기의 '2인자': 리창(李强) 총리

유은하 (한신대학교)

Ⅰ. 들어가는 말 ·· 13
Ⅱ. 리창의 주요 커리어와 시진핑 ····································· 13
Ⅲ. 총리 리창의 강점과 약점 ·· 15
Ⅳ. 리창 신임 총리의 당면 임무 및 대응 전망 ················· 21

2장 우크라이나 젤렌스키 대통령: '정치 초보'에서 '전쟁 영웅'으로?

박정호 (대외경제정책연구원)

Ⅰ. 우크라이나 정치사와 정치 신인 젤렌스키의 등장 ······ 29
Ⅱ. 젤렌스키의 2019년 대선 승리와 조기 총선 실시 ······· 31
Ⅲ. 집권 3년차 젤렌스키 대통령의 국정운영 평가 ·········· 33
Ⅳ. 젤렌스키 대통령의 전시 리더십 ································· 35

3장 권위주의적 이슬람주의 지도자 튀르키예 에르도안 대통령의
정치적 성공 요인

양민지 (부산외국어대학교)

I. 들어가는 말 ·· 41
II. 권위주의적 아버지와 보수적 종교 환경 아래 성장한 에르도안 ··········· 41
III. 에르도안의 청년시절 정치 입문과정 ·· 43
IV. 이슬람주의와 에르도안의 정치적 지지 기반 ····································· 46
V. 에르도안의 권위주의적 리더십의 성공배경 ······································· 51
VI. 나가는 말 ·· 58

4장 혁신가 마윈 (马云)

문익준 (국민대학교)

I. 들어가는 말 ·· 65
II. 마윈의 실패 ·· 66
III. 혁신가로서의 마윈 ·· 70
IV. 마윈의 새로운 혁신 ·· 79

5장 2023 태국 총선과 새로운 정치 엘리트의 등장: 좌절과 희망

이미지 (부산외국어대학교)

Ⅰ. 들어가는 말	85
Ⅱ. 2023 총선 결과	86
Ⅲ. 정치적 엘리트층의 세대교체와 피타 림짜른랏	89
Ⅳ. 좌절된 유권자의 목소리와 새로운 총리	92
Ⅴ. 나가는 말: 타이식 민주주의에서 민주주의로 향한 여정	99

6장 키르기스스탄-타지키스탄 국경 분쟁과 권력 엘리트의 내부 정치

이지은 (한국외국어대학교)

Ⅰ. 들어가는 말	109
Ⅱ. 중앙아시아 국경 분쟁의 핵심 지역: 페르가나 계곡(Fergana Valley)	109
Ⅲ. 소비에트 시기 인위적으로 획정된 국경이 갈등의 원인	111
Ⅳ. 2021년 4월, 그리고 2022년 9월 대규모 무력 충돌	112
Ⅴ. 국경 분쟁과 키르기스, 타직 권력 엘리트의 내부 정치	113
Ⅵ. 잠정적 합의에 동의한 양국 대통령	116
Ⅶ. 나가는 말	117

7장   필리핀의 가문정치: 마르코스와 두테르테를 중심으로

김동엽 (부산외국어대학교)

Ⅰ. 머리말 ··· 125
Ⅱ. 마르코스 가문의 부활: 몰락한 독재자에서 새로운 대통령으로 ········ 127
Ⅲ. 두테르테 가문의 부상: 지방 호족에서 중앙정치 주인공으로 ············ 133
Ⅳ. 마르코스 가문과 두테르테 가문의 연합과 분열 조짐 ···················· 138
Ⅴ. 맺음말 ··· 144

8장   기울어진 구조와 준비된 후보: 2024년 대만 총통 선거 결과 분석

김수한 (인천연구원)

Ⅰ. 2024년 대만 총통선거 돌아보기 ·· 155
Ⅱ. 기울어진 사회구조와 총통선거 ·· 157
Ⅲ. 변화에 적응한 양안관계 비전 ·· 160
Ⅳ. 준비된 후보 : 정당·후보 지지율 추이 및 매력도 ···················· 163
Ⅴ. 종합 및 시사점 ·· 165

'엘리트로 보는 유라시아의 변화 Ⅱ'를 펴내며

사람(엘리트)을 중심으로 유라시아 사회의 변화를 살펴보고자 하는 것은 한신대 유라시아연구소가 최근 역점을 두고 진행하고 있는 연구 주제이다. 물론 유라시아 각 영역의 변화가 사람이라는 단일 변수만으로 일어난다고 보는 것은 지나친 견해이다. 그러나 그만큼 사람에 착목하는 연구 성과가 그동안 그리 많지 않기에 최근 한신대 유라시아연구소의 시도와 노력은 각계의 지원과 성원을 받고 있다. 감사한 일이다. 지속적인 관심과 격려 그리고 질책을 바란다.

이 책은 한신대 유라시아연구소가 위와 같은 문제의식에 따라 학술 총서로 기획 및 발간하는 'HEI 총서' 시리즈의 하나이다. 한신대 유라시아연구소는 유라시아에서 벌어지는 일들과 지역 엘리트에 대한 대중들의 지적 호기심을 충족시키며 그 인식의 지평을 확장하고자 2023년부터 'HEI 총서' 중 일부를 '엘리트로 보는 유라시아의 변화' 시리즈로 기획하여 출판하기로 하였다. 이 책은 그 시리즈의 두 번째이다. 각 장의 글은 한신대 유라시아연구소가 2021년 하반기를 시작으로 정기 발간하고 있는 웹진(web-zine) 유라시아 브리프(Eurasia Brief) 2023년 하반기부터 2024년 상반기까지 실린 글 중 시리즈 기획 취지와 부합하고 주제 의식이 분명한 것들을 엄선한 것이다.

'엘리트로 보는 유라시아의 변화 II'는 '엘리트로 보는 유라시아의 변화 I'에 비해 그 범위가 대폭 확대되었다. 중국, 우크라이나, 튀르키예, 태국, 키르기스스탄, 타지키스탄, 필리핀, 대만 등을 다루고 있다. 구체적으로 이는 다음과 같이 구성되었다. 우선, 중국은 시진핑 집권 3기 국무원 총리인 리창(李强)과 최근 부침을 겪고 있는 중국 최대 온라인 전자상거래 플랫폼 기업 알리바바 창업주 마윈(马云)을 심층적으로 소개, 분석하고 있다. 우크라이나 젤렌스키는 정치 신인으로 등장한 배경과 전쟁을 거치며 달라진 위상 및 평가를 다루었다. 유럽과 아시아가 만나는 지역에 위치한 튀르키예는 대통령 에르도안을 중심으로 그 정치사회 배경과 변화를 살펴보고 있다. 태국의 경우는 2023년 총선을 계기로 등장한 새로운 정치 엘리트를 집중 조명하고 있다. 키르기스스탄과 타지키스탄의 경우 국경 분쟁을 지배 엘리트 내의 정치의 측면에서 살펴보고 있다. 필리핀은 20년간 독재를 자행했던 이의 아들로서 최근 대통령에 당선된 페르디난드 마르코스를 전임 대통령인 로드리고 두테르테와 비교하며 그 특징을 살펴본다. 대만은 2024년 대선에서 여당 민진당이 집권 연장에 성공한 사건을 엘리트 구조와 행위자 측면에 착목하여 분석하고 있다.

이 책은 한신대 유라시아연구소의 사전 기획 하에 각 필자가 독자적으로 집필한 글의 결과물이다. 한신대 유라시아연구소의 구성원들이 사전에 면밀하게 이 책의 전체적 방향과 구성을 기획하였다. 공동 학술 기획의 모범을 만들었다고 자부한다. 이 작업에 적극적으로 동참해준 한신대 유라시아연구소 연구교수 임진희, 연담린, 박상운 선생님들께 감사와 동료애를 전한다. 또 각 장의 필자들은 책임감 있게 일정에 맞춰서 풍부한 내용으로 책의 기획 의도에 부합해주었다. 유은하, 박정호, 양민지, 문익준, 이미지, 이지은, 김동엽, 김수한 선생님 등 필진들께 동학의 예를 갖춰 머리 숙여 감사드린다. 각 분야의 최고의 전문가들임에도 학문 공동체 발전과 사회적 기여 확대를 위해 헌신해주신 점은 현재를 살아가는 학자들의 모범으로 삼기에 손색이 없다고 할 수 있다.

또한 이 책은 한신대 유라시아연구소가 2021년부터 수행하고 있는 한국연구재단의 인문사회연구소지원사업(과제명: "디지털 트랜스포메이션 시대 한반도 정세 예측모형 개발을 위한 신북방지역 엘리트 연구", 과제 번호: 2021S1A5C2A01090085)의 지원으로 만들어졌다. 학문공동체에 대한 국가와 사회의 지원이 헛되지 않다는 것을 보여주기 위해 최선을 다하고 있음을 밝힌다. 도민지를 비롯한 김나연, 최사랑, 서영은 등은 학문후속세대로서 한신대 유라시아연구소가 잘 운영되도록 그 역할을 훌륭하게 수행하고 있다. 부디 개인에게도 행복한 시간이 되기를 언제나 기도한다. 마지막으로 보다 많은 독자들이 이 책을 접할 수 있기를 희망한다. 그리고 독자들의 가감 없는 비평은 언제나 환영이다.

2024년 5월

한신대 유라시아연구소 소장 **주 장 환**

1장

중국 시진핑 집권 3기의 '2인자':
리창(李强) 총리

유은하 (한신대학교)

2023년 초 시진핑의 국가주석 3연임이 확정되고, 신임 총리에 리창(李强) 전(前) 상하이시 당 위원회 서기가 선출되었다. 시진핑의 비서장 출신인 리창의 총리 선출은 전적으로 시진핑의 작품이며, 그래서 리창은 시진핑의 의지를 관철시키는 단순한 집행자 역할을 할 것이란 전망이다. 총리로서 리창은 두 가지 강점—시진핑의 신뢰와 창장삼각주 경력—을 가지고 있는데, 이는 동시에 리창의 약점이기도 하다.

I. 들어가는 말

2023년 3월에 개최된 중국 14기 전국인민대표대회에서 시진핑(习近平)의 국가주석 3연임이 확정되고, 리창(李强) 전 상하이시 당 위원회 서기(이하 '당서기'로 표기)가 신임 국무원 총리로 선출되었다. 이에 전임 지도자들의 관례를 깨고 집권 '3기'를 이어가면서 당과 자신으로의 권력 집중도를 높이고 있는 시진핑이 국정의 제1 조력자로 선택한 리창 신임 총리에 대해 관심이 모아졌다. 본 글에서는 중국 내 권력 서열 2위가 되어 중국 경제를 이끌어가게 된 총리 리창의 주요 커리어 및 강점과 약점을 파악해보고, 시진핑 집권 3기 당면 현안에 대한 대응 방향을 간략하게 전망해보고자 한다.

II. 리창의 주요 커리어와 시진핑

리창은 1959년 저장성(浙江省) 루이안시(瑞安市) 생으로 저장농업대학에서 농기계학을 전공하고 졸업한 뒤 입당하였다. 26세에 저장성 민정청(民政厅) 농촌구제처(农村救济处) 간부가 된 후 30세에 농촌구제처 처장이 되었고, 34~38세까지 민정청 부청장을 지냈다. 이후 저장성 진화시(金华市)와 융캉시(永康市) 당 위원회 서기를 거쳐 저장성 공상행정관리국 국장을 지냈다. 그리고, 2002년에 성내(省内) 중요 지역인 원저우시(温州市) 당 위원회 서기가 되었는데, 바로 그해 시진핑이 저장성 당 위원회 서기로 부임하였다. 시진핑은 2004년에 리창을 비서장으로 임명하였고, 2007년 시진핑이 저장을 떠날 때까지 리창은 시진핑의 비서장 역할을 충실하게 수행하였다.

　시진핑이 저장에 오기 전까지 리창과의 공식적인 접점이 없어서 리창을 비서장으로 발탁한 배경이 잘 알려져 있지는 않다. 당시 리창은 원저우시 당서기였는데, 원저우는 저장에서 항저우시(杭州市) 다음가는 대도시이다. "원저우모델(溫州模式)"로 대표되는 민영경제가 일찍 발전한 중국 개혁개방의 전초기지이며, 중국의 핵심 경제 지역인 창장삼각주 지역의 중심 도시 중 하나이다. 리창이 저장성 일선 부서에서부터 경력을 쌓아 원저우시의 당서기가 되었다는 것은 당내 및 성내에서 제반 능력을 인정받은 것으로 볼 수 있으며, 그러한 점은 시진핑이 리창을 비서장으로 발탁한 주요 배경이 되었을 것으로 추론해 볼 수 있겠다.

　리창이 저장에서 시진핑을 '충실하게' 보좌했다고 하는 것은 무엇보다 시진핑의 판단이 그러했다고 볼 수 있겠는데, 시진핑이 저장에서의 리창을 매우 만족하게 여겼다는 것은 이후 리창의 커리어 변화에서 확인된다. 천량위(陈良宇)가 숙청된 후 2007년에 시진핑이 상하이시 당서기로 옮겨가고 바로 정치국 상무위원회에 진입하면서 유력한 차기 지도자로 부상하게 되었는데, 그 이후부터 리창은 승진 가도를 달렸다. 리창은 시진핑이 저장을 떠난 후에도 2011년까지 비서장을 하다가 2012년에 저장성 당 위원회 부서기가 되었고, 그해 11월에 열린 18차 당 대회에서 중앙후보위원으로 선출되었으며, 이듬해부터 2016년까지는 저장성 성장(省長)을 겸하였다. 이후 장쑤성(江苏省) 당서기로 승진하였고, 다음 해 10월에 중앙위원회 위원으로 승급되었으며, 곧이어 개최된 19차 당 대회에서 중앙정치국 위원에 선출되고, 바로 상하이시 당서기로 임명되었다.

　장쩌민(江澤民)과 시진핑이 모두 상하이시 당서기로 있다가 최고 지도자 자리에 올랐고, 주룽지(朱镕基) 전 총리도 상하이시 당서기 역임 후 총리가 된 터라 상하이시 당서기 자리는, 특히 개혁개방 이후, 권력의 최상층부로 가는 핵심 요직으로 인식되고 있다. 때문에 리창의 상하이시 당서기 임명은 장쩌민계 상하이방(上海幇)의 쇠락, 시자쥔(习家军)의 장악력 확대와 아울러 리창이 차기 주자로 부상했음을 알려주는 신호탄 같은 것이었다. 이윽고 리창은 2022년 20차 당 대회에서 권력의 최고 핵심부인 20기 중앙정치국 상무위원회에 진입하였고, 2023년 3월 전인대를 통해 국무원 총리에 선출됨으로써 시진핑 집권 3기의 '2인자'로 등극하였다.

이처럼 리창의 정치 인생은 시진핑을 만나기 전과 후로 극명히 나뉜다. 시진핑을 만나기 전 20년간 자신의 고향인 저장성 안에서 성실히 일하는 간부 중 한 명이었던 리창의 후반부 20년에는 중앙의 중심으로 진출하여 권력의 최상층부에 진입하는 쾌속 승진 가도를 달렸다.

III. 총리 리창의 강점과 약점

미-중 갈등과 세계 공급망의 탈중국화 추세 속에 이제 코로나 국면에서 성공적으로 전환해 나아가야 하는 상황에 중국의 제8대 국무원 총리로서 경제 컨트롤 타워 역할이 주어진 리창은 어떤 역량을 보여줄 것인가? 아니, 보여줄 수 있을 것인가? 총리로서 리창의 강점과 약점은 무엇인가?

1. 리창의 무기이자 취약점 1: 시진핑의 총애

리창이 중국의 8대 총리가 되어 2인자 자리에 오른 것은 전적으로 시진핑의 작품이다. 리창은 시진핑이 저장을 떠난 뒤 저장성 부서기와 성장(省長)을 거쳐 2016년 장쑤성 당서기로 승진 이동하였고, 이듬해 10월에 개최된 18기 7중전회에서 중앙위원회 위원으로 승급되었다. 그리고, 바로 나흘 뒤 열린 19차 당 대회에서 단숨에 중앙정치국에 진입하였을 뿐 아니라 지방의 핵심 요직 자리인 상하이시 당서기에 전격 임명되었다. 경제 수도라고 불리는 상하이는 중국 경제를 이끌어가는 명실상부한 핵심 허브로 장쩌민·주룽지·우방궈(吳邦國)·시진핑 등이 당서기로 재임했었다. 따라서 상하이라는 지역의 상징성과 당서기라는 지위의 무게감으로 봤을 때, 상하이와 어떠한 인연도 없는 리창이 19차 당 대회 나흘 전에 중앙위원이 되고 곧바로 상하이시 당서기가 되었다는 것은 시진핑의 '보이는 손'이 작동한 결과로 해석할 수밖에 없는 대목이다.

리창이 상하이시 당서기가 되면서 동시에 차기 지도자 후보군으로 급부상하였고, 그의 시정(市政)은 안팎의 관심을 받았다. 그래서 중국이 제로 코로나 정책의 일환으로 상하이를 봉쇄하면서 그 여파로 상하이 경제가 타격을 입고 시민들의 불만이 이른바 백지시위로까지 번졌을 때 중국 밖의 미디어들은 리창의 입지가 흔들릴 것이며, 정치국 상무위 진입이 불투명해진 것으로 전망하기도 하였다. 그러나, 2023년 3월 시진핑의 3연임이 확정되고, 리창이 정치국 상무위원과 국무원 총리로 올라서면서 시진핑의 보이는 손이 다시 한번 확인되었다. 리창의 총리 임명은 두 가지를 보여주는데, 리창에 대한 시진핑의 신임과 자신의 의지를 관철할 수 있는 시진핑의 권력이다. 시진핑은 저장에서 보인 자신에 대한 리창의 충정을 상하이 당서기 기간에 재차 확인한 것으로 보인다.

리창은 중국의 역대 총리 중에서 유일하게 부총리를 거치지 않고 바로 총리가 되었다. 게다가 중앙의 조직이나 기구에서의 직무 경험도 전혀 없다. 이러한 리창을 끌어 올려 2인자로 만든 것은 인사 문제가 가장 중차대한 엘리트 정치에서 시진핑으로의 권력 집중도를 확인시켜 주고 있다.

시진핑의 이 같은 신임은 리창에게 강력한 무기이면서 동시에 최대의 약점이다. 시진핑이 자신에게 힘을 실어주고 있다는 것이 공개적이기 때문에 총리로서의 권한이 여느 총리보다 클 수도 있다. 즉 리창의 결정이 곧 시진핑의 결정으로 인식되어 강력한 실세 총리가 될 수도 있다는 것이다. 그러나, 전적으로 시진핑의 낙점에 의해 총리가 되었다는 것은 동전의 양면처럼 리창의 약점이 될 수 있다. 역대 총리 중 최고지도자와 가장 가까운 관계로 평가되며, 군신(君臣) 관계로까지 일컬어지고 있는 마당에 총리로서의 독자성을 갖기보다는 시진핑의 의지를 실현하는 단순한 집행자 역할에 그칠 수 있다. 시진핑에게 리창의 가치는 자신에 대한 충정에 있고, 리창 역시 이 점을 잘 알고 있기에 총리로서 운신의 폭이 시진핑이 용인하는 범위 내로 한정될 수밖에 없다는 관측이다. 전임 리커창 총리가 큰 틀에서 볼 때 시진핑과 어느 정도 경쟁 관계에 있었고 리창은 완전한 상하 관계라는 것이 이 둘의 가장 큰 차이라고 본다면, 시진핑의 총애는 리창을 소위 식물 총리로 만들 수 있다는 것이다.

2. 리창의 무기이자 취약점 2: 창장삼각주 출신

리창은 저장성 태생으로 저장에서 대학을 나와 당정 활동을 시작하여 58세가 되던 2016년 장쑤로 옮겨가기 전까지 저장에만 있었다. 장쑤에서 당서기로 1년 정도 있었고, 2017년 말부터 5년간 상하이시 당서기를 지냈다. 즉 총리가 되기 전 경험한 곳이 저장·장쑤·상하이인데, 이 세 지역은 중국에서 경제가 가장 발전한 지역인 창장삼각주의 핵심이다. 창장삼각주 출신이라는 것은 리창이 내세울 수 있는 최대의 직무적 강점이다. 리창은 중국에서 민영경제가 가장 발달한 지역에서 오랜 경험을 쌓아 국제적 감각이 있을 뿐 아니라 전반적으로 친상(親商) 마인드를 가졌다는 세평을 듣는다. 저장에서도 '민영지향(民營之鄕)'이라고 불리는 원저우시 당서기를 역임하고 장쑤를 거쳐 상하이로 간 리창은 빅테크 기업 창업자 등 국내외 기업인들과 활발히 교류한 것으로 알려졌다.

특히 리창은 상하이 당서기 재임 기간에 테슬라 기가팩토리의 상하이 유치 확정을 위해 직접 진두지휘하면서 공을 들인 것으로 전해진다. 테슬라 기가팩토리 유치 진행은 리창이 상하이에 오기 전인 2014년부터 시작되었으나 리창이 상하이 당서기로 부임한 이후 보다 적극적인 교섭이 진행되어 2018년에 상하이 법인이 설립되고, 2019년에 테슬라의 첫 번째 해외 공장인 상하이 기가팩토리가 준공되었다. R&D센터 및 판매 조직까지 포함하고 있는 테슬라 상하이 기가팩토리의 총투자비는 70억 달러인데, 이는 디즈니사의 상하이 디즈니 리조트 투자액 55억 달러를 크게 넘어서는 것으로 지금까지 상하이에 건설된 해외 제조사 생산공장으로는 최대규모의 프로젝트이다. 주목할만한 점은 테슬라 상하이가 중국 기업과의 합자가 아닌 테슬라 단독 출자 형태로 테슬라가 지분 100%를 소유하고 있다는 것이다. 통상 중국에 진출하는 외국 기업은 중국 기업과 합자 방식으로 투자하며, 중국에 진출한 벤츠·아우디 등 유수의 자동차 기업들도 이러한 형태로 운영하고 있다. 테슬라 상하이가 중국에 진출한 외국 자동차 기업 중 처음으로 그리고 유일하게 지분 100% 소유를 허가받은 것인데, 경영 전반에서 중국 파트너와

의 협의가 필요 없는 독자 출자는 중국 정부가 줄 수 있는 최대의 특혜라고 할 수 있다.[1]

리창의 상하이 재임 기간에 테슬라에게 이러한 최고 조건을 보장해 주며 역대 최대규모 투자를 실현시킨 것은 물론 테슬라라는 기업의 위상과 전·후방 효과를 염두에 둔 중앙 차원의 계산과 정책적 지원이 있었기 때문에 가능한 것이었다. 하지만 결과적으로는 리창의 업적으로도 귀속되는 것이다. 리창은 대외개방도가 높고 경제가 발달한 창장삼각주의 요지를 거쳐오면서 국제 감각을 키우고 첨단 산업에 대한 이해도를 높이는 한편 굵직굵직한 국내외 기업인들과 교류하면서 '재경(財經) 리더'로서의 면모를 쌓아왔다고 하겠다.

그러나, 다른 한편으로는 이러한 창장삼각주 출신이라는 점이 총리로서의 취약점이 될 수도 있다. 보다 정확히 말하면 창장삼각주'만' 경험했다는 점이 그렇다. 현재 중국은 사회주의 국가라는 이름이 무색하게 전 세계에서 경제 불평등이 가장 큰 국가로 분류되고 있으며, 심각한 양극화로 인해 사회 불안정 요소들이 배태되고 있다. 중국 빈부격차의 공간적 특징은 연해-내륙 간 격차와 도시-농촌 간 격차가 뚜렷하다는 것이다. 개혁개방이 초기에 동남부 연해 지역의 경제특구에서부터 시행되었기 때문에 입지조건이 좋은 연해 지역은 빠르게 선부(先富) 지역이 되었고, 인문·자연 환경이 척박한 내륙지역의 발전이 뒤처지면서 동-서 지역 격차가 두드러졌다. 이에 중국 정부가 서부대개발 같은 지역발전전략을 실행하였고, 일대일로(一帶一路) 사업의 수혜 등으로 동-서 격

---

[1] 테슬라 상하이 기가팩토리는 2022년 중국의 제로 코로나 방침으로 인한 상하이 봉쇄 조치에도 불구하고, 당해 년도 테슬라 전 세계 생산량의 50% 이상을 소화하였다. 그리고, 2023년 4월 테슬라는 상하이에 추가로 대용량 에너지 저장장치 '메가팩' 공장을 건설할 것이라고 발표했다 (경향신문 2023/04/10).

차는 점차 축소되고 있는 것으로 나타난다. 그러나, 일부 지표의 수치만으로는 반영되지 않는 동-서 격차는 여전히 크고 분명하다. 중국은 고속성장 시대를 마감하고 전반적인 산업 구조가 조정되면서 디지털 경제·녹색 경제 등이 강조되고 있으며, 코로나 사태를 겪으면서 환경·의료위생·교육 등 삶의 질 문제가 더욱 관심 사안이 되고 있다. 한마디로 중국 경제가 양적 성장에서 질적 발전으로 전환하는, 혹은 전환해야 하는 시기라고 보고 있다. 그러나, 개혁개방 40년이 지난 이러한 시점에서도 중서부 내륙의 많은 지역은 양적인 성장도 아직 충분히 달성되지 않은 상황이라 질적인 수준 걱정은 그야말로 다른 세상(동부지역) 이야기이다. 더욱이 출신지에서의 도시(非農業)와 농촌(農業)으로 구분된 후커우(戶口) 제도가 기본적으로는 여전히 기능하고 있다. 때문에 동-서 격차와 도-농 격차가 중첩되는 '중국 특색의' 빈부격차에서, 빈곤 문제의 핵심 지역은 바로 '내륙'의 '농촌'이 된다. 그렇기 때문에 중국의 총리로 국가적 현안인 빈곤 문제·양극화 문제·삼농(三農) 문제 등 일련의 중대 정책 과제를 이끌어가는 데에 서부 같은 내륙지역에서의 직접 경험이 있다면 여러 측면에서 도움이 될 것이란 점은 분명하다.

리창이 대학을 졸업하고 입당 후의 첫 직무를 저장성 민정청 농촌구제처에서 시작하여 처장까지 했었던 만큼 농촌문제에 관하여 전혀 경험이 없는 것은 아니라고 볼 수도 있다. 그러나, 당시는 1980년대 중후반으로 농가생산책임제의 성공적인 시행에 힘입어 본격적인 농업·농촌 개혁이 전국적으로 전개되던 시기였다. 때문에 농업생산량이 크게 증가하고 농촌에 향진기업이 들어오면서 농가소득의 상승률이 높았고, 삼농 문제도 거론되지 않았다. 더욱이 당시 저장의 많은 농촌이 저장성이라는 지역의 특성상 웬만한 서부지역 도시에 못지않은 발전을 구가하고 있었기 때문에 내륙지역의 상황과는 크게 동떨어져 있다고 할 수 있다.

그렇기에 리창이 동부지역만 거치고 내륙지역 경험이 전혀 없다는 것은 중국 전체를 총괄하는 총리로서는 약점이 될 수 있다고 본다. 그리고, 이는 전임 총리 리커창과 약간 비교될 수 있는 지점이기도 하다. 리커창은 총리가 되기 전 허난(河南)과 랴오닝(辽宁) 당서기를 역임했다. 중부에 위치하며 '농업대성(農業大省)'으로 불리는 허난은 농촌 인구 압력이 매우 큰 지역으로 농민공 최대 유출지이자 농촌문제의 비중이 큰 지역이다. 동북지역에 있는 랴오닝은 오래된 국유기업이 많아 개혁 과정에서 대량의 실업자가 양산되어 사회경제적으로 침체와 혼란을 겪었다. 리커창은 이들 지역을 거치면서 중국의 취약 부문에 대한 체득(體得)이 있었을 것으로 본다. 더욱이 시진핑 역시 내륙지역에서의 경험 없이 푸젠(福建)-저장-상하이의 동남 연해지역만 거치고 최고 지도자가 됐다는 점을 감안하면 리창의 창장삼각주 출신 배경은 '공동부유'를 전면에 내세우면서 강조하고 있는 1인자에 대한 보완성도 약하다고 볼 수 있다.

Ⅳ. 리창 신임 총리의 당면 임무 및 대응 전망

시진핑 집권 3기 행정부 수반으로서 중국 경제의 사령탑이 된 리창 신임 총리가 당장 직면한 중요 임무로 크게 두 가지가 지목된다.

먼저 민간기업의 경영 위축을 풀어주고 자신감과 신뢰를 회복시키는 것이다. 최근 몇 년간 민간기업에 대한 중국 당국의 규제와 단속이 강화되어왔다. 엄청난 규모의 사교육 시장과 수많은 교육업체가 단칼에 날아갔고, 당국의 독려를 받으며 성장해 온 민영 빅테크 플랫폼 기업들은 반독점·금융 및 데이터 안전·사회 평등 등을 명분으로 한 당국의 규제 철퇴를 맞았다. 나아가 당정은 이들 기업에 대한 국가의 지분을 확대하여 직접적 통제권을 강화하면서 당의 반대편에 서는 것을 용납하지 않겠다는 의사를 보여주었다. 민간기업의 경영은 당연히 위축되었고, 투자와 기업 확장에는 소극적으로 된 반면에 정부의 방침에는 적극적으로 동참하는 모습을 보이고 있다.[2]

다음으로는 외자 유치이다. 지금까지 해외 투자자의 눈에 중국은 생산기지 혹은 소비시장 어느 측면에서 봐도 매력적인 투자처였다. 그러나, 중국이 강력한 제로 코로나 정책을 고수하면서 외국 자본은 들어오기를 꺼리거나 빠져나가기까지 하고 있다. 여기에 미-중 갈등 상황까지 지속되면서 해외 투자자들에게는 중국에서의 불확실성이 커졌고, 중국이 더는 예전처럼 매력적인 투자처가 아니라는 인식이 증가하였다.

이 같은 국면에서 집권 3기 신임 지도부의 우선 과제는 어떻게 민간부문의 신뢰를 끌어올리느냐이다. 다시 말하면 리창 총리는 중국의 첨단 기술 민간기업들이 자신감과 신뢰를 회복하여 혁신 기반 경영을 확대할 수 있도록 이끌고, 해외 투자자의 불안을 해소하며 외자 유치에 앞장서야 하는 임무를 부여받고 있다. 이에 이번 전인대 폐막 직후 열린 내외신 기자회견에서 리창은 "세간에 일부 부정확한 인식이 있어 민간 기업가가 우려하는 부분이 있었다"고 에둘러 말한 뒤 "민간 경제를 발전시키고자 하는 당 중앙의 방침과 정책은 확고하다. 민영경제의 발전 환경은 계속 좋아질 것이고, 발전 공간도 계속 확대될 것이다. 민간 기업인들이 우수한 기업가 정신을 발휘해달라"고 강조하였다. 또한 미-중 협력은 서로에게 이익이 되기 때문에 협력할 수 있고, 또 협력해야 한다고도 강조하였다.

---

[2] 알리바바와 텐센트는 중국 정부의 공동부유 프로젝트에 각각 1000억 위안(元)을 기부하기로 하였다(人民资讯, 2021/12/25).

이러한 민간기업 현안과 외자 유치에 대한 대응에는 리창의 창장삼각주 경력이 강점으로 발휘될 수 있다. 앞서 언급했듯이 리창은 '동양의 유태인 도시'라 불리는 원저우와 장쑤, 그리고 경제 수도 상하이에서 당서기로 지내면서 민영기업 및 민간 경제에 대한 이해도가 높고, 국내외 기업가들과 교류하면서 친기업 마인드를 갖추게 된 것으로 알려져 있다. 아울러 상하이 테슬라 유치 등을 통해 해외 대형기업 유치의 전방위적 효과를 체감하고, 협상이나 대응에 관한 직접 경험도 갖고 있다. 본인도 "나는 민영경제가 발달한 지역에서 오래 있었기 때문에 기업인들과 교류 기회가 많았고 그들의 기대와 고충을 잘 알고 있다"고 피력하면서 기업 환경의 개선과 민간 경제의 지속적인 발전에 대해 강한 자신감을 보였다.

다만 신임 총리가 개인적인 자신감과 의지가 있다 하더라도 그것이 제도화로 뒷받침되지 않는다면 기업과 시장, 투자자의 신뢰를 단시간에 근본적으로 회복시키는 데는 한계가 있을 것이다. 리창의 정책관과 운신의 폭에 대해서는 시진핑이 용인하는 범위 내에서만 총리 권한이 발휘될 것이라는 전망이 지배적이다. 그래도 일각에서는 리창이 코로나 정책 핵심 그룹을 총괄하기도 했고, 그나마 시진핑을 설득할 수 있는 인물이라는 주장도 있다. 시진핑은 3연임의 정당화를 위한 업적이 필요하고, 그 업적을 만드는데 리창을 선택했다. 세간의 중론처럼 역대 가장 무색무취의 허수아비 총리가 될 것인가, 아니면 1인자의 총애를 등에 업고 본인의 강점을 무기로 한 실세 총리가 될 것인가?

그런데, 2024년 3월 개최된 14기 전인대 2차 회의에서 총리의 법률상·관례상 권한이 대폭 축소되고, 시진핑의 권한은 더 강화되었다. 먼저 눈에 띄는 것이 1982년 중국 헌법과 함께 제정된 후 한 번도 개정되지 않았던 국무원 조직법이 42년 만에 처음 개정된 것인데, 개정안에는 국무원이 당의 영도뿐 아니라 마르크스-레닌주의부터 시진핑 사상까지의 지도를 받으며, 중앙의 권위와 집중통일 영도를 수호하고 견지한다는 조항이 들어있다. 현실적으로 이미 당과 시진핑이 모든 것을 영도하고 있는데(党領导一切), 법률적으로 정부에 대한 당과 시진핑의 우위를 명시한 것이다. 아울러 1993년 이후 매년 있었던 전인대 폐막식의 총리 기자회견도 폐지되었다. 총리의 전인대 폐막식 기자회견은 내외신 기자들이 중국 정부 최고 책임자와 직접 문답할 수 있는 보기 드문 기회이자 총리의 위상이 드러나는 자리였다. 또한, 이번 14기 전인대 2차 회의에서 경제살리기보다 국가안보를 우선시하겠다는 의지도 비교적 분명하게 드러났다.

이러한 일련의 조치들로 인해서 경제를 총괄하고 형식적으로나마 국가주석과 서로 견제하면서 균형을 맞추는 것으로 상정되어 있던 총리의 권한과 위상은 대폭 축소되었고, 시진핑 1인 체제는 더욱 강화되었다. 취임 초기 리창이 '식물' 총리가 될지 '실세' 총리가 될지 관심을 모았는데, '식물' 총리가 되어가고 있다. 총리가 식물이 된 만큼 시진핑은 세칭대로 '시황제'에 가까워지고 있고, 중국 정치는 그만큼 옛날로 되돌아가고 있다.

참고문헌

이정진. 『2023년 中전국인민대표대회에 대한 평가와 전망』 KB금융지주연구소. 2023.

이재준. "중국 시진핑 시기 엘리트 정치에서 권력구조 변화: 경쟁적 독재에서 확립된 독재로". 『현대중국연구』. 제23권 제4호. 2022.

李忠謙. "習近平頭號「YES MAN」, 中共二把手李強的不可能任務: 對習絕對忠誠, 還要拯救低迷的中國經濟". 『風傳媒』. 2022年11月08日 (https://www.storm.mg/article/4603318?mode=whole)

"「真」習近平時代來臨, 增加哪些不確定性? 中共兩會落幕4大解讀". 『商周』. 2023年3月13日 (https://www.businessweekly.com.tw/international/blog/3011894)

"靠上海嚴厲封城走進國務院！ 中共「第二號人物」李強是誰". 『財訊』. 2022年10月31日 (https://www.wealth.com.tw/articles/6914e948-701d-4d82-9593-158b23b03c83)

"路透社披露: 中國新二號人物李強是如何加速終結清零政策的". 『美國之音』. 2023年3月4日 (https://www.voacantonese.com/a/how-china-s-new-no-2-hastened-the-end-of-xi-s-zero-covid-policy-20230303/6989742.html)

저자 약력

유 은 하 (柳銀河, Yoo Eunha)

소　　속 ｜ 한신대학교 평화교양대학
학　　력 ｜ 이화여자대학교 지역학 박사
주요 논문 ｜ "중국 시진핑 시기 엘리트 정치와 중앙-지방 관계"(2023), "중국 성급(省級) 단위의 정책 성과와 엘리트 유형"(2023), "중국 지역발전전략 성과에 관한 비교 연구"(2022) 등

2장

우크라이나 젤렌스키 대통령:
'정치 초보'에서 '전쟁 영웅'으로?

박정호 (대외경제정책연구원)

2019년 우크라이나 대선에서 볼로디미르 젤렌스키는 대통령으로 선출되었다. 그는 유명한 배우이자 코미디언이었지만, 정계에 발을 들여놓은 적이 없는 초짜 정치 신인이었다. 젤렌스키는 참신한 선거 기획과 반부패 캠페인을 통해 당시 대통령인 페트로 포로셴코를 상대로 압도적인 승리를 거둘 수 있었다. 집권 전반기 국민들의 기대와 달리 국정운영에 혼선을 보인 젤렌스키의 지지율은 큰 폭으로 하락했다. 그러나 러시아의 우크라이나 침공 이후 젤렌스키 대통령의 리더십은 전 세계적으로 찬사를 받았고, 2022년 타임지 올해의 인물로 선정되었다.

I. 우크라이나 정치사와 정치 신인 젤렌스키의 등장

우크라이나 통치 엘리트는 소연방의 해체 이후 1990년대 체제전환과정 중에 형성되기 시작했다. 젤렌스키 등장 이전까지 5명의 대통령이 우크라이나 통치 엘리트 집단의 대표자로서 국정 운영을 담당했다.

레오니드 크라브추크(1991~1994)는 소연방의 해체를 이끈 3인방 중 하나로 독립주권국 우크라이나의 초대 대통령이었다. 그는 1994년 경제 및 안보 지원의 대가로 우크라이나의 핵 포기를 약속한 '부다페스트 협약'을 체결한 당사자였다. 1990년대 전반기 체제이행에 따른 사회경제적 혼란과 실패한 통치는 전국적인 파업을 촉발했고, 권좌에서 내려오는 계기가 되었다.

레오니드 쿠츠마(1994~2005)는 유일하게 연임에 성공한 대통령으로 10년 동안 국정을 담당했다. 쿠츠마의 집권 시기 현대 우크라이나 정치 및 경제체제의 기본 토대가 마련되었다. 그 당시 쿠츠마 대통령은 시장경제체제와 국가통화인 흐리브냐를 도입하고, 1996년 새로운 헌법을 채택했다. 이와 함께, 그의 재임 기간 과두 정치체제가 형성됨과 동시에 민영화가 절정에 이르렀다. 게다가 그는 빅토르 야누코비치를 자신의 공식 후계자 선정했고, 2004년 부정선거 논란으로 발생한 오렌지 혁명으로 정치적 명성을 상실했다.

빅토르 유셴코(2005~2010)는 2004년 우크라이나에서 발생한 시민혁명인 '오렌지 혁명' 덕분에 권좌에 오를 수 있었다. 유셴코는 율리야 티모셴코를 총리로 임명하면서 오렌지 개혁 정부를 구성했다. 그러나 그의 집권 시기 우크라이나 국민들의 큰 기대는 완전한 실망으로 바뀌고 말았다. 대통령과 총리 간의 개혁 프로그램을 둘러싼 이견, 행정부와 의회의 첨예한 갈등, 정국 안정을 위한 혁명$^{(유셴코\ 대통령)}$과 반혁명$^{(야누코비치\ 총리)}$ 세력 간의 연립정부 구성 등이 대표적 사례였다.

2010년 대선에서 빅토르 야누코비치$^{(2010~2014)}$가 유셴코를 물리치고 대통령에 당선되었다. 이는 우크라이나 국민들이 개혁 세력 간의 다툼과 정치적 이익에 기초한 이합집산, 개혁정책의 혼선과 경제적 성과 부진 등 오렌지 혁명 세력에 대해 큰 실망감을 표시한 정치적 선택이었다. 그러나 2013년 11월 야누코비치가 예정되어 있었던 유럽연합으로의 길을 선택하지 않았다. 대신에 그는 현실적 사회경제 상황을 고려하여 러시아와의 전략적 협력을 도모하는 것으로 정책 방향을 급선회했다. 이에 반발한 우크라이나 국민들이 거리로 나와서 '유로-마이단'$^{(Euromaidan)}$ 혁명을 일으켰고, 결국 야누코비치를 권좌에서 몰아냈다.

2014년 3월 유로-마이단 혁명의 결과로 페트로 포로셴코가 권력을 잡았다. 포로셴코는 아르세니 야체뉴크를 총리로 임명하고 유럽연합 가입을 목표로 하는 사회경제 개혁을 단행했다. 그러나 포로셴코가 야체뉴크 총리와 다른 개혁 성향의 장관들을 해고한 2016년 초부터 개혁의 속도와 방향성에 적지 않은 문제가 생겼다. 다시 말해서, 부패 청산, 과두정치세력의 막대한 영향력 축소, 돈바스 지역의 갈등 완화 및 해소, 경제성장과 사회발전 등을 위한 실질적인 조치들이 미흡했던 것이다. 이처럼 2019년 우크라이나 사회와 국민들은 유로-마이단 혁명의 결과에 대해 상당한 좌절감을 느끼고 있었다. 특히 이들은 기존 주류 정치인들의 부패 청산 의지와 경제개혁에 대한 약속을 신뢰하지 못했다. 그러한 사회적, 정치적 배경 속에서 정치 초보자인 젤렌스키가 대선 무대에 등장하게 되었던 것이다.

Ⅱ. 젤렌스키의 2019년 대선 승리와 조기 총선 실시

2019년 대통령 선거에서 유명 배우이자 TV 프로그램 제작자인 젤렌스키가 당선되었다. 젤렌스키는 1차 투표에서 30% 지지율로 1위를 차지했을 뿐 아니라, 대선 결선 투표에서도 73%의 높은 지지율로 당시 대통령인 포로셴코를 압도했다.[1] 우크라이나 국민들은 정치 경험이 전무한 젤렌스키를 국가의 새로운 지도자로 파격적인 선택을 했다. 젤렌스키는 무엇보다도 기존 주류 정치 엘리트 세력과 전혀 관련이 없는 사실상의 아웃사이더였다.

2019년 대선의 진행 과정을 면밀하게 추적해 본다면, 다음과 같은 몇 가지 특징을 발견할 수 있다. 당시 우크라이나의 경제발전은 사실상 정체된 상태였으며, 동부지역에서의 반목은 더욱 심화되는 추세였다. 그 결과 포로셴코 대통령의 지지율은 계속 하락하면서 거의 한 자릿수에 가까워지고 있었다. 반면 젤렌스키 후보자의 선거 운동은 상당히 신선하고 특이했다. 그는 2018년 12월 31일 '1+1' TV 채널에서 대선 출마를 공식 선언했는데, 이는 포로셴코 대통령의 연례 신년 연설을 선점하는 효과를 누릴 수 있었다.[2] 젤렌스키는 대선 출마 선언 순간 직후부터 사실상 유력한 선두 주자 중 한 명으로 급부상했다. 젤렌스키 팀의 대선 전략은 명확했다. 기존의 전통적인 운동 방식인 공약 설명회나 기자회견을 가능한 한 줄임과 동시에, 유튜브와 인스타그램을 적극 활용하여 짧은 연설과 압축된 메시지를 통해 유권자들에게 지지를 호소했다.

---

1) https://en.wikipedia.org/wiki/2019_Ukrainian_presidential_election (검색일: 2023.05.10)
2) https://www.britannica.com/biography/Volodymyr-Zelensky (검색일: 2023.05.10)

아울러 젤렌스키가 주연을 맡았던 TV 시트콤 '인민의 종'이 지지율을 제고하는데 굉장히 중요한 역할을 담당했다. 이 시트콤의 주제와 내용이 우크라이나 시민들로부터 큰 반향을 불러일으키면서 매우 높은 시청률을 기록했기 때문이다. 2018년 시트콤 명칭과 동일한 '인민의 종'이 우크라이나의 정당으로 공식 등록되었다. 이 시트콤은 2019년 대선 직전까지 방영되었다는 점에서 젤렌스키의 가장 유용한 선거 운동 도구나 마찬가지였다.

그렇지만, 다른 후보에 비해 젤렌스키의 대선 공약은 다소 모호한 편이었다. 그는 3가지 정책 공약(러시아와의 갈등 해소, 정치 및 경제개혁을 통한 경제발전과 국가 현대화, 부정부패 척결과 효율적인 공공서비스 구현)에 강조점을 두면서 국민들에게 자신에 대한 지지를 호소했다.3) 특히 젤렌스키는 자신의 공약을 실현하기 위해 우선적으로 부패한 정치 및 비즈니스 엘리트를 권력에서 제거하고 새로운 엘리트로 교체하겠다고 선언했다. 또한 그는 정책 결정 과정을 보다 개방적이고 투명하게 만들어나갈 것이며, 직접 민주주의 메커니즘을 도입하여 시민들의 의견을 적극 반영하겠다고 약속했다.

2019년 5월 20일 젤렌스키는 우크라이나의 새로운 대통령으로 취임했다. 그는 대통령 취임 연설에서 러시아어와 우크라이나어를 모두 사용했는데, 이는 사회통합을 강조하려는 나름의 정치적 의도였다. 게다가 젤렌스키 대통령은 취임과 동시에 의회 해산과 조기 총선 실시를 결정했다. 이는 대통령의 의회 내 영향력 확보, 즉 자신의 소속 정당인 '인민의 종'이 조기 총선을 통해 의회 내 의석을 확보하고자 하는 데 주된 목적이 있었다. 대통령 취임 이후 두 달 뒤인 7월 21일에 조기 총선이 실시되었다. '인민의 종'은 전체 450석 중 254석을 차지하여 1당

---

3) Chupryna (21/12/19)

으로 자리매김할 수 있었다.4) 이러한 총선 결과는 매우 중요한 정치적 의미를 함유하고 있었다. 우크라이나의 단일 정당이 자체적으로 과반 의석을 확보했는데, 이는 독립 이후 최초의 사건이었다. 결국 젤렌스키 대통령은 행정부와 입법부에서 자신의 정치적 영향력을 확보한 후 국정 운영을 시작할 수 있게 되었다.

Ⅲ. 집권 3년차 젤렌스키 대통령의 국정운영 평가

2021년은 젤렌스키 대통령의 집권 3년차가 되는 중간 평가의 해였다. 그러나 젤렌스키의 신뢰도와 인기는 출범 초와는 확연히 달랐다. 그의 지지율 하락 추이가 심상치 않은 상태였다. 젤렌스키의 지지율은 2019년 봄 73%에서 2021년 늦가을 19%로 폭락했으며, 같은 기간 그의 정당인 '인민의 종' 지지율도 56%에서 15%로 크게 하락했다.5) 우크라이나 유권자들은 2년 전과는 달리 젤렌스키 정부에 대해 큰 아쉬움을 표시하고 있었다.

젤렌스키 대통령은 자신의 임기 전반기 동안 유권자들에게 약속한 개혁정책의 실질적인 성과를 창출하지 못했다. 이 점이 자신과 집권 여당의 지지율 하락을 초래한 주요한 원인이었다. 이와 함께, 주요 정부 기관의 인사 문제와 관련해서 다소간의 논란이 발생하기도 했다. 젤렌스키가 해당 직책의 전문성과 지식, 경험 등을 종합적으로 고려하기보다는 다른 주관적 요인(개인적 유대관계와 충성도 등)을 중시하여 인사를 단행한

---

4) https://en.wikipedia.org/wiki/2019_Ukrainian_parliamentary_election (검색일: 2023.05.10)
5) Chupryna (21/12/19)

사례들이 종종 있었다. 다시 말해서, 그의 어린 시절 친구 및 연예계 동료들을 정부 요직에 등용했던 것이다. 이반 바카노우 우크라이나 보안서비스(SBU) 국장, 안드리 예르마크 대통령실 실장, 키릴 티모셴코 대통령실 부실장, 세르히 셰피르 및 미하일로 포돌랴크 대통령 선임고문 등이 대표적 인사들이다.

하지만 정치 신인이자 외부자인 젤렌스키 대통령 입장에서는 시간적 제약과 물리적 여건으로 인해 우크라이나의 기존 정치체제 및 사회구조의 근본적 변화를 이루지 못한 측면이 분명 존재했다. 다음의 여론조사 결과가 이러한 점을 잘 증명해 주고 있다. 당시 여론조사 결과에 따르면, 우크라이나 시민들에게 젤렌스키 대통령은 독립 이후 30년 동안 선출된 대통령들 중에서 두 번째로 좋은 대통령으로 여겨지고 있었다. 레오니드 쿠츠마가 23% 지지율로 역대 최고의 대통령으로 선정되었고, 볼로디미르 젤렌스키는 18% 지지율로 2위를 기록했다. 그 다음 순위를 페트로 포로셴코(14%), 빅토르 야누코비치(13%), 레오니드 크라브추크(12%), 빅토르 유셴코(7%)가 각각 차지했다.6) 이를 통해 볼 때, 우크라이나 국민들은 정치 및 경제 분야 개혁정책 지체에 따른 사회경제적 불만이 커졌음에도 불구하고, 젤렌스키 대통령에 대한 신뢰와 기대를 완전히 접은 것은 아니었다고 볼 수 있다. 그러나 다른 한편으로 젤렌스키 정부 입장에서는 지지율 제고를 통한 재선 가능성을 높여야 하는 중차대한 과제와 정치적 부담을 안게 되었다.

---

6) Minakov(2021/06/03)

Ⅳ. 젤렌스키 대통령의 전시 리더십

2022년 2월 24일 러시아 푸틴 대통령은 우크라이나의 탈무장화와 탈나치화를 명분으로 내걸고 특별군사작전을 선포하면서 전격적인 침공을 단행했다. 전쟁 발발 당시 대다수의 군사 전문가와 서방 관리들은 러시아가 압도적인 군사력을 바탕으로 우크라이나를 이른 시일 안에 점령할 것이며, 전쟁은 러시아의 손쉬운 승리로 끝날 것이라고 예측했다. 그러나 러시아와 우크라이나 전쟁은 15개월째(2023년 5월 기준) 지속되고 있는 중이다. 이러한 전쟁의 지속과 장기화는 전쟁 발발 초기 전문가들의 예상을 크게 벗어난 것이었다. 이는 서방의 막대한 군사 및 경제적 지원, 우크라이나 시민들의 조국에 대한 애국심과 결사 항전 의지, 러시아군의 전략적 준비 미흡 등이 복합적으로 작용한 결과였다. 그런데 무엇보다도 중요한 요인 중 하나로 젤렌스키 대통령의 뛰어난 전시 리더십을 이야기하지 않을 수 없다.

2012년 젤렌스키 대통령이 자국의 안보 확립을 목표로 우크라이나의 나토 가입을 천명함에 따라 친서방 및 반러 갈등 구도가 형성되었다. 게다가 전쟁 발발 직전 젤렌스키가 전쟁 발생 가능성과 대응 방안 관련해서 다소 우왕좌왕하던 초보 지도자의 모습을 보인 것도 분명한 사실이었다. 하지만 그는 전쟁 발발 직후부터 놀라울 정도의 탁월한 리더십을 발휘하기 시작했다. 젤렌스키는 미국 측의 대피 권유를 물리친 채 키이우에 남기로 결정했다. 키이우에서 젤렌스키는 전쟁을 진두지휘하며 우크라이나 시민들과 전 세계를 대상으로 하는 메시지를 전파하는 데 힘썼다. 특히 그는 연기자 출신인 자신의 장점을 십분 활용하여 감동적인 연설과 표정 연기를 통해 극적 효과를 극대화할 수 있었다. 이는 우크라이나 측이 언론전과 정보전에서 비교 우위를 차지하는 데 중요한 역할을 담당했다. 전시 젤렌스키 대통령의 용기와 도전을 담은 메시지는 국민을 하나로 결집하게 만듦과 동시에 국제적으로도 큰 지지를 얻었을 수 있었다. 아울러 미국을 위시한 서방 동맹국들이 러시아를 강력하게 제재하고, 우크라이나를 위해 무기, 재정, 인도적 지원을 제공하도록 이끈 가장 효과적인 도구 중 하나였다. 전쟁 발발 이후 영웅적 전시 리더십을 보여준 덕분에 젤렌스키는 미국 시사주간지 '타임'이 선정하는 2022년 '올해의 인물'로 선정되었다.

현재 전쟁은 지속되고 있고, 전황은 안개 속에 쌓여있다. 우크라이나 측이 서방이 제공한 첨단무기를 활용하여 대반격 작전에 나설 것이라는 예측만 무성하다. 이러한 상황에서 젤렌스키 대통령은 중대한 도전과제들에 직면해있다. 예를 들자면, 전쟁의 승리 또는 외교적 협상을 통한 출구 전략의 모색, 전후 재건복구사업의 성공적 진행, 우크라이나의 유럽연합 및 NATO 가입, 전후 경제개혁 정책의 진행과 부패 청산, 사회적 통합 노력 등이다. 결국 젤렌스키 대통령에 대한 역사적 평가는 상기 도전과제들에 대한 적절한 처리 여부에 달려있다고 볼 수 있다.

젤렌스키 대통령이 우크라이나의 찰리 채플린에서 윈스턴 처칠로 자리매김할 수 있을지 관심을 가지고 좀 더 지켜볼 필요가 있다.

참고문헌

Chupryna O. Ukraine: Will Zelenskiy's Presidency Last the Full Term?/https://www.eurasiareview.com/29122021-ukraine-will-zelenskiys-presidency-last-the-full-term-oped/

Minakov M. Zelensky's Presidency at the Two-Year Mark/ https://www.wilsoncenter.org/blog-post/zelenskys-presidency-two-year-mark

Pifer S. Ukraine's Zelenskiy ran on a reform platform — Is he delivering?/ https://www.brookings.edu/blog/order-from-chaos/2020/07/22/ukraines-zelenskiy-ran-on-a-reform-platform-is-he-delivering/

A rehearsal for war: Volodymyr Zelenskiy's path from comic to symbol of courage/ https://www.theguardian.com/world/2022/mar/02/a-rehearsal-for-war-volodymyr-zelenskiys-path-from-comic-to-symbol-of-courage (검색일: 2023.5.11)

https://en.wikipedia.org/wiki/2019_Ukrainian_parliamentary_election (검색일: 2023.5.10)

https://en.wikipedia.org/wiki/2019_Ukrainian_presidential_election (검색일: 2023.5.10)

https://www.britannica.com/biography/Volodymyr-Zelensky (검색일: 2023.5.10)

저자 약력

박 정 호 (朴正鎬, Park Joungho)

소　　속　|　대외경제정책연구원(KIEP)
학　　력　|　러시아 모스크바국립국제관계대학교(MGIMO) 정치학 박사
주요 저서　|　『러시아의 '디지털 경제'와 한·러 협력방안』(공저, 2019), 『한반도 평화번영과 남북러 3각 협력』(공저, 2018), 『중앙아시아 주요국의 경제발전전략과 경협 확대방안』(공저, 2016), 『우크라이나 정치의 이해』(2012), 『푸틴의 러시아』(공저, 2007) 등

3장

권위주의적 이슬람주의 지도자 튀르키예 에르도안 대통령의 정치적 성공 요인

양민지 (부산외국어대학교)

정의개발당 의장이자 현 대통령인 에르도안은 2003년부터 2014년까지 11년간 터키 총리를 역임한 후 대통령으로 3선에 성공했다. 2014년 개헌 국민투표를 승인시킨 데 이어 튀르키예 최초 직접 국민투표로 선출된 대통령이 되었다. 이후 2018년 총선을 치르면서 두 번째로 대통령에 선출되었다. 권위주의적 보수 이슬람주의 성향의 에르도안은 그동안 케말리즘으로 대표되던 진보적 세속주의와 끊임없이 충돌해왔고, 약 20년간의 장기집권 경험을 통해 이번 2023년 재선에 성공하게 되며 튀르키예의 강력한 지도자로 자리매김했다. 이는 에르도안이 튀르키예의 그 어떤 정치인보다 선거와 유권자의 속성을 잘 파악하고 있으며, 튀르키예 국민정체성에 대한 날카로운 시각을 가지고 있기 때문이다.

I. 들어가는 말

2023년 5월 28일 튀르키예의 대통령 결선투표는 2023년 전 세계에서 가장 주목받는 선거이자, 이후 튀르키예의 미래를 결정짓는 중요한 순간이었다. 52.14% vs 47.86%. 상대 후보인 공화인민당(CHP) 대표 케말 클르츠다르오울루(Kemal Kılıçdaroğlu)보다 200만 표를 더 얻은 레젭 타이이프 에르도안 튀르키예 대통령의 승리가 확정되었다. 이로써, 에르도안 대통령은 최장 2033년까지 집권을 연장할 수 있게 되었다. 그가 당시 69세인 것을 감안하면 사실상 종신 집권이라고도 말할 수 있다. 이 글에서는 튀르키예 공화국 건립 100주년을 맞은 2023년, 재선에 성공하면서 장기집권이 가능하게 된 스트롱맨 에르도안 대통령의 리더십과 정치적 성공 요인에 대해 살펴보고자 한다.

II. 권위주의적 아버지와 보수적 종교 환경 아래 성장한 에르도안

"조상을 기억하는 한, 후손 또한 당신을 기억하게 됩니다."

레젭 타이이프 에르도안 튀르키예 대통령은 무소불위의 권력을 가진 강력한 지도자로 20년 넘게 정권을 잡은 이슬람 보수주의 성향의 정치인이다. 그의 정치 이념은 그가 어린 시절 경험한 가정환경과 교육이 바탕이 되었으며, 이후 정치 경험을 통해 더욱 확실하게 드러난다. 이맘-하팁에서 받은 이슬람 종교교육은 에르도안의 정치성향 형성에 큰 역할을 하였다. 종교교육과 정치성향 간의 밀접한 상호 작용은 에르도안의 삶과 정치경력에서 명확하게 나타났다고 볼 수 있다.

에르도안은 1954년 명예의 달이자 성스러운 레젭(Recep) 달로 불리는 이슬람력 7월(2월 26일) 이스탄불에서 셋째로 태어났고 할아버지 이름을 따 레젭 타이이프 에르도안 튀르키예(Recep Tayyip Erdoğan)로 불렸다. 에르도안은 선박 회사에 다니던 아버지를 따라 흑해 지역 리제(Rize)에서 어린 시절을 보냈다. 이후 13살이 되어 가족과 함께 이스탄불에 정착했다. 유년 시절 가정형편이 넉넉하지 않아 그는 어렸을 때부터 용돈을 벌기 위해 터키식 빵인 시미트(simit)나 물, 차(茶) 등을 팔았다고 한다.

에르도안은 권위주의적이고 완고한 성격의 아버지와 종교적으로 보수적인 가정환경에서 유년 시절을 보냈다. "나는 아버지로부터 명예와 책임감을 배웠으며, 가족과 함께 일찍이 고향을 떠나 이스탄불에 정착하여 삶을 개척하기 위해 끊임없이 투쟁했고, 이맘-하팁에서 모든 것을 배웠으며, 신앙과 가족, 국민이 전부인 정치인이다."라는 그의 말에서 에르도안의 성장배경이 그의 정치적 성향과 신념에 많은 영향을 끼쳤다는 것을 알 수 있다.

에르도안의 아버지는 자식들이 늘 신중하고 정제된 언어를 사용할 것을 강조하였는데, 이를 어길 시 매우 혹독한 훈육이 뒤따랐다고 한다. 에르도안은 훗날 자신의 아버지인 아흐메트 에르도안의 이름을 따 2014년 흑해 지역 리제에 '선장 아흐멧 에르도안 아나톨리아 이맘 하팁 고등학교'를, 2016년 이스탄불에 '국제 선장 아흐멧 에르도안 아나톨리아 이맘 하팁 고등학교'를 설립한다.

에르도안은 1965년 이스탄불 소재 카슴파샤 피얄레파샤 초등학교를 다녔다. 특히 그는 어려서부터 이슬람식 교육을 받아 초등학교 종교 과목 시간에 학급 친구들 사이에서 '호자(Hoca, 종교적 선생님)'라는 별명으로 불렸다는 일화가 있다. 이후 1973년 에르도안은 이스탄불 이맘-하팁에서 고등교육을 받았으며, 이맘 하팁 졸업생의 대학 입학 제한으로 인해 다시 시험을 치르고 에이윰술탄 아나톨리아 고등학교를 졸업하였다. 이후 그는 이스탄불 경제 및 상업 과학 대학(現 마르마라 대학교) 경상학부를 1998년 졸업했다.

Ⅲ. 에르도안의 청년시절 정치 입문과정

일찍이 사회문제와 정치에 관심이 많았던 에르도안은 이미 고등학교 재학 시절 보수적 정치조직인 전국 튀르크 학생 연합(Milli Türk Talebe Birliği, MTTB)에 가입한다. 전국 튀르크 학생 연합은 오스만제국 시기 세계대전을 겪으며 서구열강으로부터 국가와 민족을 구하고자 자발적으로 형성된 청년운동의 일환으로 1916년에 설립되어 1936년까지 튀르크주의, 민족주의, 케말주의 노선을 주창했다. 그러나 튀르키예를 둘러싼 급격한 정세변화와 현대화, 도시화, 산업화 등의 요인으로 1960년대부터 1980년까지 이슬람 정체성을 강조하는 보수주의 성향으로 바뀌었다. 이러한 변화 가운데 1965년 이후 전국 튀르크 학생 연합은 공산주의 좌파세력, 노조들과의 투쟁에 집중하며 '우리들의 최우선적인 목표는 국민적 단합이라는 이데올로기를 국가에 뿌리내리는 것이다.'라는 국민주의적 슬로건을 내걸며 활동한다. 이처럼 전국 튀르크 학생 연합은 민족주의, 반공산주의, 보수주의 성향으로 전환되며 기존의 이념이었던 세속주의, 혁명 등의 이데올로기와 결별의 길을 걸었다. 특히, 제48대 이사회 의장으로 이스마일 카흐라만(İsmail Kahraman)이 선출된 이래 이슬람 정책이 고수되었다. 이로써 전국 튀르크 학생 연합은 민족주의와 이슬람-보수주의의 집결지가 되었으며 민족주의 노선뿐만 아니라 보수주의 색채가 두드러지는 성향을 드러내었다.

전국 튀르크 학생 연합이 기존의 정치적 성향에서 튀르크-이슬람주의로 변화되었으나, 튀르크주의와 이슬람주의라는 두 이데올로기 가운데에서도 무게의 중심은 이슬람주의로 기울어지게 된다. 이는 특히 53대 의장인 뤼쉬튀 에제비트(Rüştü Ecevit) 활동기인 1975년에 연합의 상징이 기존의 이슬람을 상징하는 초승달·별과 튀르크 건국 신화 토템인 잿빛이리(Bozkurt)1)에서 초승달·별 그리고 이슬람 경전인 쿠란으로 대체되었다는 사실을 통해서 분명히 드러난다.

[그림 1] 1916~1975년 기존의 전국 튀르크 학생 연합 상징

[그림 2] 1975년 이후 변경된 전국 튀르크 학생 연합 상징

출처: 전국 튀르크 학생 연합 공식 누리집 http://www.mttb.org.tr

이처럼 유년 시절의 권위주의적이고 보수적인 가정환경, 무슬림 성직자 양성 기관에서 자랐던 배경과 함께 청년 시절 보수주의적 이슬람

---

1) 튀르크 문화권에서 잿빛 이리는 수호자, 지도자, 민족주의의 상징으로 사용되고 있으며 때로는 극우민족주의의 상징으로 사용되기도 한다.

성향인 전국 튀르크 학생 연합에서의 적극적인 활동을 통해 그의 정치적 성향이 다져진다. 에르도안은 튀르키예 정치인 가운데 달변가로 손꼽힐 만큼 정치연설 능력이 탁월하다는 평을 받는 인물로, 그의 이러한 능력은 청년 시절 이러한 정치 활동 때부터 싹을 틔우며 두드러졌다.

전국 튀르크 학생 연합에서 에르도안은 미래 정치 파트너인 압둘라 귈(Abdullah Gül, 전 대통령)과 조우하게 된다. 전국 튀르크 학생 연합에서는 정치계 인물뿐만 아니라 뷜렌트 아른츠(Bülent Arınç) 전 총리, 메흐멧 알리(Mehmet Ali Şahin) 전 국회의장, 베쉬르 아탈라이(Beşir Atalay) 전 부총리, 외메르 딘체르(Ömer Dinçer) 전 국가 교육부 장관을 비롯해 장차관급 고위 관료, 작가, 교수 등 현대 튀르키예의 입법, 사법, 행정, 교육, 문화계 인사와 사회 주요 엘리트 세력이라 할 수 있는 수많은 인물이 활동하였다.

튀르키예 최초의 이슬람 정당인 국민질서당(Millî Nizam Partisi, MNP)이 폐지된 이후, 1972년 국민질서당을 이은 이슬람 정당인 국민구국당(Millî Selâmet Partisi, MSP)이 창당되었다. 에르도안은 국민구국당에서 1975년 베이올루 지역 청년 지부장으로 선출되어 정치 활동을 지속하였으며, 1976년에는 국민구국당 이스탄불 청년 지부장으로 활동하였다. 이후 1980년 9·12 군사 쿠데타로 국민구국당이 폐쇄될 때까지 에르도안은 청년 지부장으로 활동하였다. 그는 1982년 3월 징집되어 병역 의무를 마치고, 1983년 창당된 복지당으로 정계에 복귀했으며 1984년에 베이올루 지구 회장으로 선출되었다. 또한, 이듬해 열린 총회에서 중앙의사결정·집행위원으로 선출되면서 같은 해 이스탄불 도당위원장에까지 임명됐다. 1986년 9월 28일 의회 보궐선거에 복지당 이스탄불 후보로 출마했지만 당선되지 않았으며, 이후 1991년 10월 20일 이스탄불 6구 복지당의 후보로 총선에 출마했다. 국민노동당 및 개혁민주당과 연합하여 선거에 참가한 복지당은 이스탄불에서 16.73%의 득표율을 얻었으며, 에르도안은 제19선 대의원으로 국회에 입성했다.

IV. 이슬람주의와 에르도안의 정치적 지지 기반

튀르키예는 프랑스의 강경 세속주의 영향을 받아 형성되었지만, 근본적으로 유럽식 세속주의나 이슬람 국가의 그것과도 확연히 다른 면을 지니고 있다. 튀르키예의 세속주의는 사회 전반에 걸쳐 많은 영향을 미치고 있으며 오스만제국 잔재를 청산하고 새로운 규범과 사고방식을 이식하는 공화국 건국 원칙이자 정치 수단이었다. 이러한 과정에서 과거 오스만제국의 정체성이었던 다문화와 이슬람은 소외되고 세속주의라는 새로운 정체성이 이를 대체해야 했다. 그러나, 오스만제국의 600년 역사와 함께했던 이슬람주의는 결코 쉽게 지워질 수 없는 뿌리 깊은 사고방식이었다. 다민족, 다언어의 다문화 울타리 안에 수백 년간 오스만제국 시민으로 살았던 전통주의자에게는 서구식 생활방식과 세속주의는 서구 열강에 동조하는 것과 같은 거부감을 불러일으켰다. 또한, 혼혈과 전쟁으로 어쩌면 모호할 수 있는 '튀르크'라는 민족적 개념보다 믿을 수 있고 공증된 '이슬람'이라는 종교적 교리와 쿠란, 정신적 집결지인 모스크 등이 이들에게는 훨씬 더 안정감을 주는 확실한 정체성 요소라 볼 수 있다. 이처럼 새롭게 등장하여 이식된 국가 정체성으로서의 엘리트 성향 세속주의와 민중의 이슬람은 끊임없이 충돌과 협력을 지속할 수밖에 없었다.

이러한 과정 가운데 '이맘 하팁' 수니파 성직자 양성 교육기관은 튀르키예에서 오랫동안 중요한 역할을 하였다. 오스만제국 시기까지만 해도 교육기관에서는 이슬람 신학교육이 기본이었다. 그러나 1923년 무스타파 케말 아타튀르크에 의해 튀르키예 공화국이 건국되고 국가 이념이 세속주의로 채택되면서 이슬람식 교육은 공교육에서 그 영향력을 잃었다. 그러나 여전히 국민 대다수가 무슬림이기에 이들의 요구로 이슬람 성직자들을 양성해야 했으며 종교교육의 필요성이 대두되면서 튀르키예 공화국 이후 설립되기 시작했다. 특히, 에르도안이 대통령으로 당선된 2014년 이후 이맘 하팁의 건립 수는 기존에 비해 약 9.52% 증가했으며 이후에도 꾸준히 늘고 있다. '1913~2022년도 튀르키예 이맘 하팁 학교 보고서'에 따르면, 전체 학교 가운데 이맘 하팁 학교의 비율은 13.49%로, 이곳에 진학한 중고등학생은 10.34%로 보고되었다. 튀르키예에는 현재 4,413개의 이맘 하팁이 있다[2]. 에르도안은 집권 이후 공립학교를 이맘 하팁으로 전환하고자 했으며, 중학교 졸업생을 이맘 하팁에 자동 배정하며 국내외적으로 많은 비판과 반발에 부딪히게 된다. 특히, 이맘 하팁은 튀르키예의 주요 종파인 수니파와 관련된 종교 교육을 하기 때문에 튀르키예 소수 종파인 알레비파, 시아파들의 거센 반대와 시위가 이어졌다. 또한, 교육기관, 공공기관에서의 히잡 착용뿐만 아니라 공무원과 정치인의 히잡 착용 허용, 이맘 하팁 건립과 자동 전환 등 에르도안이 이슬람 강화를 위한 행보를 하는 데는 다음과 같은 정치적 경험이 배경이 되었다고 볼 수 있다.

  1950년 튀르키예에서는 민주당이 집권하면서 수천 개의 모스크를 재개하고 아랍어로 기도시간을 알리는 등 기존 이슬람 정책이 완화되었지만, 세속주의는 여전히 국가 정책의 기조를 이루었다. 1960년 군사 쿠데타로 아드난 멘데레스[3] 정부가 축출된 후 집권한 정의당은 1965년

---

[2] 이맘 하팁 협의회 차료 참고.
   https://onder.org.tr/tr/Haber/imam-hatiplerin-tum-okullara-orani-135-hb2efb4 (검색일: 2023.06.25.)

까지 군사정권을 유지하였다. 튀르키예는 특히, 1960년대 말 사회주의 사상의 위협을 받게 된다. 1960년대 이후 급격한 도시화와 서구화 정책의 이면에는 소외된 도시민, 농촌에 남겨진 이들이 있었다. 이러한 배경 가운데 1970년대까지 이어진 우파 갈등은 수천 명의 목숨을 앗아갔다.

당시 튀르키예가 겪었던 무정부 상태는 서구화된 엘리트의 방치와 방관, 케말리즘의 실패에 대한 증거였다. 이에 실업과 빈곤, 열악한 생활환경에 허덕이던 소외계층은 이슬람을 바탕으로 서로를 의지하며 이슬람 공동체를 하나로 응집시키게 된다. 프랑스, 독일과 같은 서구식 생활양식과 유럽식 교육의 영향을 받은 세속주의 엘리트들이 대부분 중산층이었던 반면, 대중들은 사회 하층민으로 살아가면서 오스만제국의 찬란했던 역사 바탕에는 자신들의 정체성 근간인 이슬람이 있었다고 믿었기에 이러한 종교·정치적 성향을 더욱 고수한다.

1979년 이란 이슬람 혁명의 영향과 정부의 무능함에 80년대 말에 이르러 튀르키예에는 이슬람주의가 번진다. 다양한 미디어 매체를 통해 이슬람 서적과 기사, 잡지들이 튀르키예 하층민들의 마음에 이슬람주의의 불꽃을 일으킨다. 거듭된 생활고와 소외로 만들어진 세속주의 엘리트에 대한 불신과 원망이 대중들로 하여금 이슬람주의가 새로운 미래라는 희망을 가지게 한 것이다. 1980년대 투르구트 외잘(Turgut Özal) 정부는 세계 시장으로의 개방과 시장개혁을 단행하였으며, 이러한 과정에서 아나톨리아 중소기업이 육성된다. 이들은 그동안 이스탄불 중심의 대기업들과 중산층에 가려 빛을 보지 못하다 세속주의 자본가, 엘리트에 대

---

3) 1946년 민주당의 창립자 중 한 명으로, 1960년 군부 쿠데타 이후 재판을 받고 사형을 받았다. 1950년부터 총리 재임 10년 동안 튀르키예 경제를 연 9%의 성장률까지 끌어올렸으며 서구와의 군사 동맹을 지지하며 1952년 NATO에 가입을 이끌었다.

항할 수 있는 이슬람주의와 민족주의 성향이 결합된 새로운 중산층으로 성장한다.

경제 분야에서의 영향력 확대와 함께 튀르키예에서 번진 이슬람주의 영향은 1980년 9월 12일 쿠데타를 발발시키는 원인이 되었다. 해당 쿠데타는 콘야 집회에서 애국가보다 아잔^(이슬람식 예배 참여 알림)을 외치는 구국당원들이 아랍어 깃발을 들고 이슬람 율법인 샤리아 적용^(반세속주의, 이슬람 회귀주의)을 주장하는 시위를 진행하자 이의 저지와 함께 공화국 기본원칙인 케말리즘을 회복하기 위한 행동이었다. 이 쿠데타로 약 65만 명이 구금되었고, 23만 명이 군사 법원에서 재판을 받았으며, 300명이 감옥에서 사망했다.

1990년대에 이르러서 이스탄불의 세속주의 중산계층과 이슬람주의로 응집된 하층민, 튀르크-이슬람주의를 바탕으로 하는 신흥 중산계층 그리고 아나톨리아 반도의 쿠르드 민족, 이슬람 소수 종파 세력 등 각 집단 간 사회 불확실성이 발현되기 시작하며 튀르키예는 혼란을 겪게 된다.

1997년 무정부 상태 해결을 위해 세속주의 군부는 다시 쿠데타로 첫 이슬람주의자 총리이자 중도우파 정당과 연립정부를 수립했던 복지당의 네지메틴 에르바칸^(Necmettin Erbakan)을 몰아내고 이슬람 종교성향 정치인과 종교 억압 정책을 실시한다. 이에 1983년 투르구트 외잘 전 총리에 의해 창당된 조국당^(Anavatan Partisi) 당수 메수트 일마즈가 총리가 되었다. 조국당은 민족주의, 보수주의, 신자유주의를 추구하며 다시 민주주의로 전환하는 과정에서 창당되었다. 군부 쿠데타 세력은 이슬람 세력을 축소하고자 1997년 2월 28일 국가안전보장회의^(MGK)에서 세속주의와 정치적 이슬람 관련 문제에 대한 '2.28 조치'를 정부에 제출했다. 해당 조치 중에는 8년제 초등교육, 일부 종교 학교와 시민 종교단체 폐쇄

등의 내용이 있다. 이와 함께 군부는 공공장소에서 히잡 착용을 금지하고 이맘 하티브 학교 대다수를 폐쇄하며 이곳 졸업생이 대학에 진학하는 것을 막았다. 이러한 이유로 앞서 언급한 바와 같이 에르도안은 이맘 하팁 고등학교 졸업 후 바로 대학에 진학하지 못하게 되었고 다시 고등학교에 다닌 것이다. 1997년 이후 세속주의 부상으로 소외감을 느꼈던 무슬림 국민은 이맘 하팁의 부활이 건국 이후 세속주의(케말리즘)에 의해 형성된 주류 정치 세력과 변혁에 맞서 자신들의 세력을 회복하는 길이라고 생각하게 된다. 이러한 국민들의 생각을 대변하듯 에르도안은 훗날 대중연설을 통해 "이맘 하팁은 동서양을 연결하고 있는 튀르키예의 가치와 정체성을 함양하면서 국가 발전을 견인할 수 있는 곳이다. 또한, 이슬람에 무지한 사람들이 이슬람을 테러와 폭력의 종교로 몰아가는 편견을 끝내기 위해 반드시 필요한 곳이다"라고 강조하기도 했다. 이러한 에르도안의 행보와 함께 앞서 에르도안이 아버지의 이름을 본따 건립한 이맘 하팁은 단순히 아버지를 기리기 위한 행동이 아니었다. 이는 그동안 그가 유년 시절과 청년 시절 다졌던 개인 차원에서의 이슬람 정체성이 국가의 정체성으로 발전되어 곧 미래 튀르키예 국민의 일관된 하나의 정체성이 되길 바라는 에르도안의 정치적 야망이 반영된 것이라고 해석할 수 있다.

 1998년 일마즈 정권이 붕괴되고 에제비트 정권이 들어서게 되면서 튀르키예는 경제개혁과 유럽연합 가입에 중점을 둔다. 그러나 국내에서는 친이슬람계 복지당에 대한 지지세력이 늘어나고 있었다. 이후 1998년 7월 고인플레이션과 재정적자 극복을 위해 국제통화기금 국채매입 프로그램을 수용하게 되었고, 2000년 11월 30일 국제통화기금에 긴급 자금지원을 요청하는 등 튀르키예의 경제 상황이 급속도로 악화된다. 이러한 경제적 충격으로 2002년 튀르키예에는 정권교체에 대한 국민적 열망으로 정의개발당이 집권하게 되었다. 2000년대 이후 가장 강력하고 대체 불가능한 권위주의적 보수 이슬람주의 지도자의 등장이었다.

V. 에르도안의 권위주의적 리더십의 성공배경

"튀르키예의 세기는 언젠가 올 것입니다. 오늘이 바로 그날입니다."

에르도안은 그의 정치경력 내내 이슬람주의와 터키인에 대한 강조 그리고 이에 대해 타협하지 않는 강력한 권위주의적 행보를 지속하고 있다. 이는 튀르키예 국민 대다수가 가지고 있는 정체성과 이들의 삶에 직접적으로 연결되는 이해득실의 문제를 정확히 간파한 고도의 정치전략이라고 판단된다.

에르도안 대통령은 민족주의와 이슬람주의 성향의 유권자들을 어떻게 움직일 수 있는지 정확하게 알고 있는 정치인이다. 특히, 이번 2023년 대선의 성공은 테러와의 전쟁과 난민 송환이 유권자들의 마음을 관통했다고 볼 수 있다. 에르도안 대통령은 결선투표에서 승리를 확정한 뒤 대중연설문[4]을 통해 하나의 조국, 통일된 이데올로기에 대해 언급하며 오늘의 승리가 비단 정의개발당이나 자신만의 것이 아니라 튀르키예 국민 모두의 것이라 강조했다. 또한, 자신을 지지하지 않은 세력 혹은 국민에 대한 원망이나 분노가 아니라 공화국 100주년을 맞이하여

---

[4] 출처: 뒨야 203년 5월 28일 자 기사
https://www.dunya.com/gundem/cumhurbaskani-erdogan-bestepede-balkon-konusmasi-yapti-haberi-694836에서 발췌 및 번역.

국가적 목표와 꿈으로 단결하자고 강조했다. 또한, 유일한 패배자는 국가의 안보를 위협하는 테러리스트와 이들의 배후세력이라고 언급하며 최근 쿠르드족과의 충돌에 대한 책임을 쿠르드계 정치인의 실책이라고 못박았다. 이밖에 재선이 불가능할 것이라고 예측했던 서구 유럽 언론에 대해서도 비판적인 목소리를 냈다. 에르도안은 또한, 과거 보수 이슬람주의 정치인들의 이름을 열거하며 그들이 바쳤던 투쟁이 곧 자신의 재선 승리로 실현되었다고 강조하면서 재선의 승리가 곧 튀르키예의 새 시대, '튀르키예 세기'를 열 것이라고 수차례 강조했다. 흥미로운 점은 연설문에 "이스탄불의 정복은 내일 새로운 시대를 열고 또 다른 시대의 막을 내리게 할 것입니다. 이 정복은 내일 우리의 이스탄불에서 축하할 것입니다. 축복받은 지휘관이여, 축복받은 병사여. 이 선조의 후손들이 내 앞에 있기를 바라며, 당신들에게 자랑스럽습니다. 나는 여러분을 신뢰합니다. 나는 여러분들을 믿습니다. 이 선거가 우리에게 보여주는 튀르키예의 세기가 이러한 전환점으로 역사에 기록되기를 바랍니다."라는 부분이 있다. 이를 통해 21세기 술탄이라고 불리는 에르도안이 실제로도 자신을 터키인들이 자랑스러워하는 오스만제국의 위대한 역사를 재현할 지도자로 인식하고 있을 것이라는 추측을 가능하게 한다. 에르도안의 해당 발언은 테시오도스 성벽 현판에 있는 '이스탄불은 언젠가 정복될 것이다. 그것을 정복할 지휘관은 얼마나 행복한 이가 될 것인가, 병사는 또 얼마나 행복한 병사가 될 것인가! 헤지라 857년, 그레고리력 1455년 5월 29일 화요일 아침에 여기 이 열린 문을 통해 정복자(메흐멧2세)의 군대는 이스탄불로 진입하였다.'라는 문구를 떠올리게 한다.

에르도안 대통령은 해당 연설문을 통해 튀르키예에 내재되어 있는 사회 불확실성을 인지하고 있으나 이제는 경제회복과 발전을 위해 협력하자고 촉구하고 있다. 경제회복과 관련하여 특히, 젊은 층의 일자리 확보와 인프라 및 복지시설 확충 그리고 농축산업 발전에 노력하겠다고 밝혔다. 이러한 언급은 그가 그 누구보다도 자신의 지지 기반세력을 잘 파악하고 있다는 점을 보여준다.

[그림 3]은 2023년 5월 결선투표 결과이다. 81개 주 가운데 주요 대도시 이스탄불, 이즈미르, 안탈리야, 앙카라와 동부지역 도시 유권자들은 야당 후보를 지지했음을 알 수 있다. 그러나 이를 제외한 지방 소도시 대부분은 현 정권 후보인 에르도안을 지지했음을 알 수 있다. 권위주의적 보수 이슬람주의 에르도안과 야당 후보였던 민주주의 중도좌파 성향의 클르츠다르오울루의 주요 선거 슬로건을 살펴봄으로써 이번 에르도안의 재선 성공 요인을 유추할 수 있을 것이다. 에르도안은 "튀르키예는 강해야 한다. 이는 방위산업을 통해 가능하고 우리는 군수품의 국산화로 우리의 목소리를 강력히 내세울 수 있어야 한다"라며 전보다 더 공격적인 방위산업 육성과 발전을 강조했다. 이는 튀르키예가 시리아 내전에 개입하거나 러시아-우크라이나 전쟁에서 중재자 역할을 담당할 뿐만 아니라, 자국산 군수품을 우크라이나에 제공하여서 국외 내전과 전쟁을 자국 군수품 시장 및 시험장으로 활용하고 이를 통해 방위산업 활성화를 꾀하고 있다는 점에서도 증명된다. 같은 연장 선상에서 지난 쿠데타 배후로 지목한 FETÖ(귈렌 지지세력)와 쿠르드 분리독립운동주의자들로부터 끊임없이 안보 위협을 받고 있으며, 이러한 위험으로부터 어떻게 국민과 국가를 지킬 수 있을 것인가에 대한 답은 역시 강력한 테러와의 전쟁에 있다고 재차 강조했다.

[그림 3] 2023년 결선투표 결과

주황색: 레젭타입 에르도안 후보자   붉은색: 케말 클르츠다르오울루 후보자   회색: 선거 미실시 지역
출처 : 터키지도를 활용하여 저자 재구성

또한, 2011년 시리아 내전 이후 급증한 난민송환 등 안보와 사회 불확실성 제거에 중점을 두고 선거운동을 벌였다. 튀르키예 국민의 이주, 난민과 관련된 인식은 2016년 터키 현지 주요 도시 거주 일반인 1,000명을 대상으로 진행한 '튀르키예 정치, 경제, 사회문화 불확실성 연구를 위한 터키인 정체성과 다문화 수용성에 대한 설문'에서도 명확히 살필 수 있다.

튀르키예는 공식적으로 370만 명에 달하는 시리아 난민을 포함해 400만 명 이상의 난민을 수용 중이다. 또한, 정치 경제적 이유로 이민자들이 크게 늘고 있는데 이들은 대부분 이라크, 아프가니스탄, 파키스탄, 이란에서 주로 유입되며, 루마니아, 우크라이나, 러시아, 조지아에서도 유입이 증가하고 있다. 특히, 시리아에서 유입된 이민자들은 실업률과 경기침체, 일자리 부족 등의 사회문제와 결부되어 비터키인들에 대한 편견으로 이어지고 있으며, 국내 불만감이 크게 높아지고 있다. The German Marshall Fund[2013]의 'Transatlantic Trends 2013'에는 이민자들에 대한 국가별 사회적 인식을 보여주고 있다. '이민은 국가적으로 볼 때 기회인가 아니면 문제인가?'라는 질문에 유럽 답변자의 경우, 44%가 문제라고 답변했으며, 튀르키예의 경우 이보다 더 높은 54%의 응답자가 '이민은 국가에 문제'라고 인식하는 것으로 드러났다. '이주민들이 국내 일자리 기회를 빼앗아 가는가?'에 대한 질문에는 유럽 응답자는 평균 60% 이상이 '그렇다'라고 대답했으며, 튀르키예의 경우 이보다 훨씬 높은 약 70%가 그렇다고 응답했다. 이와 비슷하게 튀르키예 하제테페 국립대 산하 이민·정치연구소가 18개 도시 1,500명을 대상으로 실시한 '터키의 시리아 이민자·난민에 대한 사회 포용과 적응(2014)' 조사에서는 응답자의 60% 이상이 '시리아 난민의 유입이 터키의 사회적 평화와 안녕을 저해한다'라고 답변했으며, 64.6%가 정부는 시리아 이민자를 본국으로 돌려보내야 한다고 응답했다. 이밖에도 시리아 이민자들이 터키인의 일자리 기회를 감소시킨다고 응답한 비율이 전체 평균 56.1%이며, 대도시 평균은 이보다 더 높은 68.9%로 나타났다. 또한, 시리아인들이 자신의 지역사회에 편입되는 것을 원치 않는다고 응답한 비율이 49.8%로 나타나면서, 난민을 포함하는 이주민에 대한 편견과 반대 성향이 튀르키예에 만연해있다고 볼 수 있다.

에르도안은 장기집권을 통해 이러한 튀르키예 국민들의 민족주의적 성향을 누구보다 잘 파악하고 있다. 즉, 끊임없이 벌어지는 국내의 테러나 주변국에서 벌어지고 있는 전쟁과 같은 안보 위협에 대응하기 위해서는 강한 국가, 곧 강한 지도자가 필요하다는 점을 민족주의 성향의 유권자들에게 각인시켰다. 이와 함께 난민 문제에 대한 부정적 시각이 튀르키예 국민들에게 경제, 사회 불확실성을 일으킨다는 사실을 정확하게 인식하고 있음도 알 수 있다.

이슬람 보수주의는 에르도안 정치경력 전반에 흐르는 기조라 할 수 있으며, 이번 선거에도 그의 흔들림 없는 지지 기반이 되었음을 여실히 드러냈다. 앞서 살핀 바와 같이 국민의 98% 이상이 무슬림인 튀르키예에서 종교적 정체성을 드러내는 것에 대한 차별과 억압은 종교와 삶이 밀접한 영향을 주고받는 국민의 반감을 사기에 충분했다. 더욱이 이스탄불을 포함한 대도시에서 극명히 나타났던 빈부격차와 사회문화적 소외감은 도시민뿐만이 아니라, 서구 엘리트와 자본주의 계층에 대한 반감을 지니고 있던 국내 지방 소도시와 시골의 서민들에게 과거 이슬람주의에 대한 회귀를 열망하게 했다. 1990년대 후반 이후 터키 군부의 잦은 정치권 개입과 세속주의 진영의 오래된 부정부패, 쿠데타와 좌우파 진영의 유혈사태, 지속적인 경제 불안정에 따라 서민의 생활은 악화하였다. 이러한 국내 상황과 더불어 이슬람주의 성향의 정당인 정의개발당 창당은 튀르키예의 정치, 경제, 사회문화에 많은 변화를 가져왔다. 정의개발당은 정권을 잡은 후 정치적 안정을 기반으로 경제적 성장과 발전을 이룩했고, 이슬람주의에 대한 국민의 열망을 바탕으로 이슬람의 정치화와 이슬람 문화의 강화를 가속하였다. 이러한 이슬람 보수주의 정권으로의 교체, 종교와 일상생활을 불가분의 관계로 인식하는 사회문화적 분위기 속에서 국민의 종교 정체성이 강화되었고 이에 따라 튀르크 문화를 강조하여 형성되었던 개인의 정체성은 점차 '무슬림'으로 대변되기 시작했다.

    터키 사회의 정체성 인식은 튀르키예 사회문화 연구기관인 KONDA의 정체성 연구『우리는 누구인가?(2006)』에서도 확실히 드러난다. 튀르키예 국민이 되기 위한 조건에 '무슬림이어야 한다'라는 항목에 54.3%가 그렇다고 했으며, '터키를 사랑해야 한다(애국심을 지녀야 한다)'라는 항목에는 82%가 그렇다고 응답했다. 또한, '자신의 정체성을 어떠한 요소로 규정하는가?'에 대한 질문에는 터키 시민>종교>태어난 곳>민족>직업>성별>외형>나이 순으로 나타나면서 종교가 민족보다 우선하는 조건으로 드러났다. 2016년 설문 결과에서 '터키 시민을 하나로 연결해 주는 공통의 요소' 항목에도 가장 많은 비율을 차지한 것은 바로 이슬람$^{(종교)}$이었다. 마찬가지로 2006년에도 종교가 민족보다 높은 응답률을 보였고, 고졸 이하의 응답자에서는 자신의 정체성을 규정하는 요소로 '종교'를 가장 중요하게 꼽았다는 것이다. 튀르키예는 특히 교육수준이 낮을수록, 지방 소도시로 갈수록 무슬림 정체성이 두드러지는 것으로 나타났다. 에르도안이 지방 소도시와 시골 출신·교육수준이 낮은 집단의 절대적인 지지를 받는 이유는 경제성장에 따른 기대감 충족뿐만 아니라 이슬람 정체성을 정책적으로 강화하였기 때문이라고 볼 수 있다.

반대로 이번 선거에서 클르츠다르오울루는 선거공약으로 지나치게 경제 상황에 의존했다는 점에서 그 패배요인을 찾는다. 에르도안은 선거 운동에서 '경제 악화는 튀르키예를 위협하고 있는 요소 가운데 하나이지만, 상황은 점점 좋아지고 있으며, 지난 경험을 보면 충분히 이를 극복할 수 있다'고 강조했다. 최저임금, 퇴직연금, 노령연금 인상과 수많은 인센티브 제공은 개개인의 유권자만이 아니라 그를 둘러싼 여러 사람과도 직결되는 문제였다. 이번 1차 선거에서도 결선과 마찬가지로 이스탄불, 이즈미르, 앙카라와 같은 대도시에서는 클르츠다르오울루가 에르도안을 앞섰다. 이들 대도시는 소비자 물가지수 체감도가 매우 민감한 곳이다. 즉, 생활비가 직접적인 영향력을 행사한다. 반면에 시골이나 소도시는 물가와 관련된 문제를 상대적으로 덜 느낄 수 있다. 즉, 이스탄불 물가는 동부지역 어떤 시골 소도시와는 매우 다를 것이며, 이스탄불만큼 시장에 의존하지 않을 것이라는 의미이다. 따라서, 클르츠다르오울루의 선거공약은 세속주의 성향의 교육과 경제 수준이 높은 대도시 튀르키예인에게는 매력적일지 몰라도, 튀르키예 인구 대다수를 차지하고 있는 청년계층, 농축산업을 주업으로 삼고 있는 중부 아나톨리아 거주민, 이슬람 보수주의 성향의 저학력계층, 노령계층에게는 에르도안의 선거공약이 훨씬 삶에 직접적인 영향을 주거나 자신들의 정체성과 관련이 있다고 여겨진 것이다.

VI. 나가는 말

'정치인의 언어' 그리고 달변의 대통령 에르도안

정치인의 언어는 일반적으로 정치적 환경 내에서 사용되는 언어, 다른 하나는 국민(유권자)의 이해를 촉진하기 위한 언어로 나눌 수 있다. 에르도안 대통령의 정치 능력 가운데 가장 높이 평가받는 것은 바로 대중을 위한 언어를 고도로 전략화했다는 것이다. 정치인들은 그들의 언어 속에 다양한 의미를 숨겨 놓는데 이러한 정치적 수사는 국민으로 하여금 진정성에 대한 의구심을 품게 한다. 그러한 면에서 에르도안 대통령은 대중연설에 있어 누구보다 대중을 열광하게 하고 그들이 원하는 것을 말할 줄 아는 달변가이다. 특히 그는 튀르키예의 국가 정체성이라고 보는 이슬람과 터키인에 대한 강조를 바탕으로 종교성과 민족주의를 지지하는 국민 대다수의 지지를 이끌어내고 있다.

그의 재선 성공은 20년 장기집권과 쿠데타 이후 언론에 대한 영향력이 강했다는 점도 빼놓을 수 없다. 방송과 신문, 정부 부처가 에르도안의 선거에 이용되었다고 해도 과언이 아니었다. 또한, 국영 매체를 이용해 국민에게 가정용 천연가스 무료 제공, 조기 연금 수령, 남부 지역 석유 채굴 선언 등 포퓰리즘을 대변하는 공약을 잇달아 발표했다. 한

나라의 운명을 좌우하고 있는 레젭 타이이프 에르도안 튀르키예, 그는 20년 전 튀르키예의 미래인 이슬람과 민주주의 공존 가능성을 꿈꾸게 했던 정치인이었다. 그러나 공화국 건립 100주년을 맞은 현시점에서 볼 때, 권위주의 보수 이슬람주의를 고수하는 에르도안이 튀르키예의 향후 미래에 적합한 지도자라 판단할 수 있을지는 아직 미지수이다.

참고문헌

김대성(2008), 터키 정의발전당의 창당과 집권에 대한 연구 -2002년 총선을 중심으로-, 지중해지역연구, vol.10, no.4, pp. 1-29.

김종일(2017), 최근 터키의 쿠데타 시도 실패에서 드러난페툴라 귤렌의 포스트모던 이슬람 연구, 한국중동학회논총, vol.37, no.3, pp. 145-168.

양오석, 서민교, 양민지(2016), 신흥 경제 터키의 정치, 경제, 사회문화 분야별 불확실성 연구, KIEP.

오종진, 강지선(2021), 터키공화국의 리더십과 정치문화변동 연구: 아타튀르크와 에르도안을 중심으로, 중동문제연구, 제20권 2호, pp. 67~102.

장지향(2020), 에르도안 독재와 터키의 추락, 매일경제. 2020.12.1.일자 기고문.

저자 약력

양 민 지 (梁珉智, Yang Minji)

소　　속 ｜ 부산외국어대학교 지중해지역원
학　　력 ｜ 터키 에르지예스 대학교 터키어문학과 박사
주요 저서 ｜ 『지중해문명교류사전』(공저, 2020), 『투르크 지역 연구』(공저, 2018), 『터키를 가다』(공저, 2018), 『신흥 경제 터키의 정치, 경제, 사회문화 분야별 불확실성 연구』(공저, 2016) 등

4장

혁신가 마윈 (马云)

문익준 (국민대학교)

본 글은 알리바바 창업자 마윈의 삶을 슘페터가 주장했던 기업가의 혁신 관점에서 회고한다. 슘페터는 기업가의 혁신을 암울한 균형점에 도달해가는 시장에 새롭게 활력을 넣는 '탈균형적 힘'으로 보았다. 실패와 성공의 사례들이 혼재하고 있는 마윈의 인생에서 탈균형적 힘을 발휘하였던 알리바바, 즈푸바오(Alipay), 차이냐오, 위어바오 등의 혁신 사례들을 중점적으로 살펴본다. 2020년 앤트 파이낸셜의 상장 연기 이후에도 끊임없이 도전하는 마윈의 새로운 혁신을 예측해본다.

I. 들어가는 말

마윈을 지칭하는 용어는 매우 많다. 그의 독특한 외모에서 기인한 '외계인(ET)'이라는 별명이 대표적이다. 이 외에도 '사기꾼', '미치광이' 등이 있다. 아마 마윈은 사업을 시작할 때부터 '사기꾼', '미치광이'로 불릴 운명을 타고난 것 같다. 이는 마윈의 철학이나 이상이 매우 시대를 앞서갔기 때문이다. '사기꾼'은 인터넷이 중국에 본격적으로 보급되기 전에 기업으로부터 수수료를 받고 제품 정보를 인터넷에 올렸다가 서버가 작동되지 않아서 만들어졌다. '미치광이'는 2001년에 마윈이 '중국에서 가장 우수한 기업이 되겠다'로 말하자 사람들이 광인으로 취급했던 데에서 만들어졌다. 그러나 결국 알리바바 성공으로 포브스에서는 그를 '나폴레옹처럼 작은 키지만 나폴레옹만큼 큰 포부를 가진 인물'로 평가하였다. 현재 중국에서 마윈은 21세기 기술 혁명을 주도하는 최고의 혁신가 중 한 사람으로 평가받고 있다.

일반적으로 창업가에 대한 두 가지 시각은 보통 남을 따라 하는 (replicative) 창업가와 현재의 사업방식을 없애고 새로운 아이디어로 사업을 하는 혁신적 창업가로 구분된다. 마윈은 후자에 가까운 인물이다. 슘페터는 『경제 발전의 이론, 1911』에서 혁신(Innovation)을 '새로운 결합'으로 소개하였다. 혁신의 원천으로 ① 새로운 제품 ② 새로운 생산방법 ③ 새로운 시장의 개척 ④ 새로운 원료 및 반제품 공급원 ⑤ 새로운 조직의 5가지를 제시하였다. 여기에서 슘페터가 말하는 새로운 결합이나 혁신에는 '완전히 바꾸어야 한다'는 조건이 없다. 또한 슘페터는 기업가의 역할을 부각시킨 경제학자이다. 주기적으로 동력을 상실하는 자본주의 경제체제에 새로운 활력을 불어넣는 혁신과 그를 추동하는 주체로서 기업가를 지목했기 때문이다. 여기서 '기업가의 혁신'이란 동력을 상실하며 암울한 균형점에 도달해가는 시장에 새로이 활력을 넣는 '탈균형적 힘$^{(disequilibrating\ force)}$'이다.1)

본문에서는 슘페터가 말하는 '기업가의 혁신' 관점에서, 즉 혁신가$^{(Innovator)}$로서의 마윈을 살펴보고자 한다. 마윈의 인생을 돌이켜보면, 전형적인 혁신가처럼 성공만을 경험하지는 않았다. 먼저 마윈 인생의 실패한 사례들을 살펴보고, 구체적인 성공 사례들을 통해서 혁신가의 모습을 분석해 보겠다.

II. 마윈의 실패

1. 두 번의 대학입시 실패

마윈이 입시 전쟁의 낙오자가 된 것은 그의 뛰어난 영어 실력에 비해서 낮은 수학 성적 때문이었다. 수학 성적 때문에 명문 고등학교는 꿈도 꾸지 않고 일반 고등학교에 진학했으며, 결국 대학입시에서도 두 번 연속 실패하게 된다. 첫 번째 대입시험에서 마윈은 1점이라는 수학 성적을 기록하고 자신감을 잃었다. 그 후 방황을 하다가 루야오의 『인생』을 읽고 주인공인 가오자린의 이야기에 빠져들었다고 한다. 반복되는 실패 속에서도 꿈과 열정을 잃지 않는 주인공에 자신을 투사하여 심사숙고 끝에 대학입시에 다시 도전하기로 결심했다. 두 번째 대학입시에는 19점을 기록하며 실패하였다. 그 후 일과 공부를 병행하면서 공부

---

1) 은종학, 중국과 혁신 재인용.

하여 스무 살이 되던 해에 세 번째 입시를 치렀다. 마윈은 시험 당일 아침까지 기본 수학 공식 10개를 달달 외우고 120점 만점에 79점을 기록하여 과락을 면했다. 그러나 총점에서 5점이 부족하여 4년제 대학까지는 지원할 수 없는 상황이었다. 그래서 점수에 맞추어 항저우사범대학 영어 전과(专科, 한국 전문대학과 유사)에 응시했는데, 본과에 정원 미달 사태가 벌어지면서 본과 정원을 채우려고 우수한 전과 학생을 본과로 승급시키는 특별조치가 내려졌다. 그리고 전과 응시생 중에 영어 성적이 가장 좋았던 마윈이 본과로 승급되었다.[2]

2. 취업 실패

대학입시 실패 후 호텔직원 채용 면접을 봤는데, 같이 간 사촌 동생만 채용되고 마윈은 탈락하였다. 호텔이 탈락시킨 이유는 간단했다. 사촌 동생은 키도 크고 잘 생겼지만, 마윈은 키도 작고 못생겼기 때문이다. 사촌 동생은 계속 호텔에서 일하고 있다.

자서전 내용에 따르면, 1988년 항저우사범대학을 졸업한 후에 31개 기업에 지원했지만 모두 합격하지 못했다. 특히 KFC를 언급했는데, 24명이 면접을 보러 갔는데 자기를 제외한 23명이 모두 합격했다고 한다. 이후에 2016년 중국 KFC가 어려움을 겪자 전략적 투자자로 참여하게 된다. 알리바바그룹의 자회사인 마이금융과 사모펀드인 춘화 캐피털 그룹은 얌 차이나의 기업분할과 동시에 4억 6,000만 달러(5,238억 원)를 투자하기로 결정하였다. 이를 두고 네티즌들은 KFC의 모델이 마윈으로 바뀔 것이라고 풍자하며, 자기를 채용하지 않았던 기업을 30년이 지난 후

---

[2] 마윈, 세상에 어려운 비즈니스는 없다, p.72-76.

인수하게 된 마윈의 능력에 대해 높이 평가하였다.

3. 차이나 페이지의 실패

1996년 4월 24일 시작한 인터넷 차이나 페이지가 결국 1997년 11월 문을 닫게 되었다. 차이나 페이지의 근본적인 위기는 자금, 자원, 정보 부족이었다. 1996년 상반기에는 직원 월급을 지급하지 못할 정도로 어려운 상황이었다. 포기와 굴복을 모르는 마윈이었지만, 결국 1996년 3월 항저우전신과 합병했다. 차이나 페이지가 지분 30%를 확보했고, 항저우전신이 설립한 디푸회사가 70%를 가져갔다. 1997년 11월에 마윈은 결국 차이나 페이지를 떠나기로 결심했다.

4. 마윈의 큰 시련: 2020년 앤트 그룹의 상장 연기

2020년 11월 5일 중국의 최대 핀테크 기업인 앤트 파이낸셜이 상하이 커촹반[3]과 홍콩 증시에 동시 상장할 예정이었다. 상장될 경우 340억 달러(38조 4,000억 원)의 자금을 조달하면서 역대 최고의 IPO인 사우디 아람코를 능가할 것으로 예측되었다. 그런데 상장 이틀 전인 11월 3일 갑자기 앤트 파이낸셜 상장이 무기한 연기되었다. 상하이와 홍콩 거래소는 앤트 그룹과 관련하여 중대한 문제가 발생했다고 정식 발표하였으나, 서방 언론에서는 마윈이 중국 금융감독 당국을 비난한 사건이 큰 역할을 했을 것이라고 추측하였다.

---

3) Star market: The Science and Technology Innovation Board. 상하이판 나스닥으로 혁신 기업의 자금 지원을 위해서 시 주석의 특별 지시로 설립.

2020년 10월 24일 상하이 와이탄에서 진행된 제2회 와이탄 금융서밋(summit)에서 중국 금융기관에 대해 마윈은 강도 높은 비판을 하였다. 마윈은 "중국 금융기관은 저당을 기반으로 하는 '전당포 사상'으로 운영한다"며 사업 자금이 필요한 기업에 대출 관문이 높다고 지적하였다. 이에 '빅데이터를 기반으로 하는 신용체계'가 필요하다고 주장하였다. 또한 마윈은 바젤협약을 '노인클럽'에 비유하면서 "바젤협약은 금융시장이 성숙한 나라에서나 적용 가능한 것으로 중국은 금융시스템이 없기에 적용하기 어렵다"며 중국의 건전한 금융시스템 부재를 지적하기도 했다.

> "혁신은 대가가 필요하며 모든 위험을 제로로 만들려는 것은 위험한 생각이다. 현재 중국에는 감독은 부족하고 간섭은 많다. 기차역을 관리하는 방식으로 공항을 관리해서는 안 된다."

마윈은 위와 같이 말하며 오래된 규제로 현재를 재단하면 안 된다고 하였다. 언론은 이러한 마윈의 중국 정부 비판으로 인해 앤트그룹의 상장이 연기되었다고 해석하였다. 또 다른 해석은 중국 정부의 거대 플랫폼에 대한 반독점과 데이터 독점 규제 때문이라는 해석도 존재한다.

중국 정부는 2020년 11월 이후 반독점 조치와 플랫폼의 독점적 데이터를 공유화하는 조치를 취했다. 이는 거대 플랫폼의 독점이 중국 공산당 체제나 시진핑 체제에 위협이 된다고 파악하고 독과점 플랫폼의 데이터 권력을 체제위협으로 인식했기 때문이다. 이후 중국 정부는 반독점 규제를 강화하면서 거대 플랫폼을 부분적으로 국유화하는 조치를 취하고 있다. 이는 '새장 속의 기업들'[4] 개념에서 출발한 것으로, 2022

---

4) 1979년 천윈 부주석이 제시한 개념으로 새장 안에 새를 가두고 관리하듯이 계획경제 안에 시장

년 중국 정부는 기업이 추구해야 할 특정 분야를 지정하고 민간 기업가들이 정책 목표에 부합하는 일을 추구할 수 있도록 신호를 주고 있다. 예를 들면, 중국 정부는 중국의 빅테크 기업이 반도체와 AI 소프트웨어를 만들거나 설계하고 클라우딩 컴퓨터 사업을 운영하기를 원하고 있다. 앤트그룹 상장 연기 이후, 마윈은 외부 활동을 거의 하지 않은 채 현재 일본에서 조용히 지내고 있다.

III. 혁신가로서의 마윈

1. 혁신 1: 미국 출장 중 만난 인터넷

마윈은 대학 졸업 후 모교인 항저우사범대학교에서 영어 강사로 재직하였다. 항저우에는 영어 회화 실력과 영어 문화권에 대한 이해가 부족했고, 무역 상식을 두루 갖춘 글로벌 인재가 없었다. 그러자 대학 영어 강사이자 오랫동안 외국인과 직접 교류하며 영어를 습득한 마윈의 인기도 올라갔다. 이에 1992년 마윈은 몇몇 친구와 함께 항저우 최초의 전문 번역회사인 하이보 번역 회사를 설립했다. 1994년에 손익 분기점을 넘어섰고, 1995년에는 영업 이익을 기록하였다. 하이보 번역 회사가 영업 이익을 내고 모든 업무가 정상 궤도에 오른 후 마윈은 동업자에게 회사 운영을 넘겼다. 1995년 미국 출장 중에 시애틀에서 동료였던 빌의 사위 샘을 만났다. 샘은 실리콘밸리 최초의 ISP[5] 회사인 VBN에서 일

경제를 두고 관리해야 한다는 개념.

하고 있었고, 마윈에게 인터넷을 설명해주었다. 이후 마윈은 야후 검색창에 <China>라는 단어를 써넣었으나, <no data>라는 충격적인 상황을 맞이하였다. 이에 마윈은 하이보 번역 회사를 인터넷을 통해 세계에 홍보하기로 결심했으며, 바로 업무제휴를 맺고 VBN이 기술적인 부분을 전담하기로 하였다.

마윈은 항저우에 돌아와서 1995년 5월 9일 중국 최초의 상업 사이트 차이나 페이지를 창업하였다. 마윈은 '사기꾼'으로 불렸는데, 당시에는 인터넷이 만질 수도, 볼 수도 없는 것이었기 때문이다. 중국에 인터넷이 보급되기도 전에 중국 인터넷의 선구자가 되어 버린 것이다. 1995년 7월 중국의 우정전신총국이 상하이에 44K 인터넷 전용선을 설치하고, 밍주방송국을 통해서 <http://www.chinapage.com>이라는 인터넷 접속을 보여주며 오명을 벗기 시작했다. 그러나 사기꾼이라는 이미지는 1998년 인터넷 열풍이 중국에 상륙하기 전까지 계속 그를 따라다녔다. 1995년까지만 해도 인터넷상에 존재하는 중국 관련 사이트가 손에 꼽을 정도였다. 그래서 차이나 페이지는 이름 자체에 국가 명칭이 그대로 드러나며 해외 홍보 효과가 확실했고, 이는 실제로 영업 이익에 영향을 끼쳤다. 미국에서 인터넷을 접하고 귀국하자마자 바로 창업을 하는 과감성이 돋보인다.

2. 혁신 2: 알리바바의 창업

선점효과 전략이란 아무도 존재하지 않는 시장에 먼저 창업하여 시장을 선점하는 전략이다. 알리바바 그룹이 중국 최초의 전자상거래 기

---

5) Internet Service Provider: 인터넷 서비스 제공 사업자.

업은 아니다. 그런데, 어떻게 알리바바가 중국 최고의 전자상거래 기업으로 성장할 수 있었는가? 중국 최초의 전자상거래 기업은 1998년 창업한 왕쥔타오의 '8848.com'으로 알려져 있으며, 소프트웨어나 도서 등의 상품을 팔면서 회사를 키워갔으나 결국 문을 닫고 말았다. 이외에도 장수신(張樹新)의 '잉하이웨이(贏海威)', 베이징의 B2C 인터넷 회사 'E국 1소시(E國 1小時)' 등이 앞서 창업하였다. 다른 기업들이 B2C[6]나 C2C[7]를 선호한 반면에 마윈은 과감히 처음부터 B2B[8] 모델을 채택하였다. 창고, 배송, 물품구매 비용 없이 단지 플랫폼만 제공하며 업체들의 원가를 줄여주고 그들의 거래만 중개하는 방식이었다.

　마윈은 알리바바 창업 이전에 이미 기본적인 사이트를 구상하였다. 당시 중국을 포함한 세계 인터넷 시장은 포털 사이트가 중심이었고, 온라인 서점, 온라인 경매 등의 전자상거래 분야가 빠르게 성장하는 중이었다. 많은 사람이 전자상거래에 주목했지만, 마윈의 생각은 달랐다. 그는 중국의 전자상거래는 3년 후에나 가능할 것으로 예측하였고, 당시 중국에 필요한 모델은 개인이 아니라 기업을 상대로 한 B2B 모델이라고 생각하였다. 중국은 은행과 운송 업계가 준비되어 있지 않았고, 온라인 결제와 택배 시스템도 완비되어 있지 않았기 때문이다. 이는 야후 제리 양과의 면담에도 드러났다. 야후는 끊임없이 분야를 확대하는 수평형 발전 전략을 추구했지만, 마윈은 이러한 방식을 미련 없이 버리고 수직형 발전 전략을 세웠다. 그러면서 다음과 같은 명언을 남겼다.[9]

---

6) Business to Consumer: 기업과 소비자 간의 전자상거래.
7) Consumer to Consumer: 소비자와 소비자 간의 전자상거래, 주로 인터넷 경매.
8) Business to Business: 기업 간에 인터넷을 통해서 제품·서비스 정보를 교환하는 전자상거래.
9) 마윈, 세상에 어려운 비즈니스는 없다, p.200.

> "90%가 찬성하는 방안이 있다면 나는 반드시 그것을 쓰레기통에 갖다 버린다. 이렇게 많은 사람이 좋다는 계획이라면 분명 많은 사람이 시도했을 것이고 그 기회는 우리 것이 아니기 때문이다."

이러한 결정에 따라서 알리바바는 1999년에 창업하여 2002년부터 수익을 내고 빠르게 성공할 수 있었다. 알리바바가 시작한 비즈니스 모델은 B2B 시장에서 경쟁상대 없이 독주하게 된다. 마윈은 사람들이 그다지 많이 찬성하지 않는 사안에 진정한 비즈니스 기회가 있다고 믿고 있으며, 이것이 그의 독특한 사고방식이다.

2002년에 알리바바가 수익을 내기 시작하자 본격적으로 C2C 시장에 진입하기 시작한다. 그러나 이미 이베이라는 강력한 기업이 있었고, C2C 시장에 진입하려는 시도는 자칫 무모해 보일 수도 있었다. 당시 이베이이취가 중국 온라인시장의 90%를 장악하고 있던 상황이었다. 이베이가 1999년에 설립된 C2C 인터넷 경매사이트 '이취'를 합병하면서 거의 독점에 가까운 시장점유율을 기록하고 있었다.

C2C 시장에 진입할 때, 마윈은 이러한 문제를 제기하였다.

> "전자상거래라는 것은 사실 일정한 틀이 없다. B2B, B2C, C2C라는 게 전부 인위적인 구분일 뿐이다. 개인과 개인의 거래가 확대되면 기업과 기업의 거래가 되는 것이다. 앞으로 5년에서 10년 후에는 이러한 구분이 분명 사라질 것이다."

즉 마윈은 아무런 행동을 취하지 않으면 3~4년 후에 이베이가 B2B 시장으로 진입할 것으로 예상하고, 선수를 취하였다. 마윈은 당시 중국 네티즌이 약 8,000만 명이었지만 이베이 사용자가 500만 명밖에 되지 않은 점에 주목하였다. 그리고 과감히 500만 명을 포기하며 잠재고객인

나머지 7,500만 명을 주요 대상으로 삼았다. 중국의 전자상거래 시장을 걸음마 단계로 파악하고 미래의 성장 가능성에 큰 가치를 두었다.

마윈은 C2C 사이트 구축을 위해서 10명의 비밀 개발 사업본부를 만들었다. 2003년 4월 10일을 '알리바바의 생사를 건 제2의 창업일'이라고 표현하며 쑨퉁위를 사업 총책임자로 임명했다. 한 달 동안 밤낮을 가리지 않고 열심히 작업하여 2003년 5월 10일 마침내 타오바오를 세상에 내놓았다. 이후 절대적인 시장점유율을 차지하는 이베이를 이기기 위해서 여러 가지 전략을 내놓게 된다. 첫째, 대형 포털 사이트보다는 소수이지만 충성도 높은 추종자를 보유한 소형 사이트들과 게임 홈페이지를 집중공략한 농촌 우회 전략을 구사하였다. 이러한 전략은 저렴한 소형 사이트의 광고비, 소형 사이트들의 조직적인 웹 마스터 연합, 대형 포털 사이트의 정보 한계 등으로 큰 장점을 지닌다. 둘째, 김용의 무협소설 검법에서 따온 이름인 '육맥신검'을 발표하였다. 이는 직원 업무를 평가할 때에 직접적 이익을 창출한 직원을 특별히 우대하지 않고 직원의 가치관과 공동체 의식에 중점을 두는 평가 시스템이다. 셋째, 이베이가 이취를 합병하고 이베이이취와의 경쟁이 심해질 당시 과감히 3년 동안 수수료를 받지 않겠다는 수수료 무료 정책을 발표하였다. 결국 2006년 5월 타오바오는 시장점유율 67.3%로 29.1%를 차지한 이베이이취를 따돌리고 완벽한 승리를 거두었다. 이에 대해 유명한 경제경영서 저자인 우샤오보는 "내가 알고 있는 중국 비즈니스 사건 중 가장 신기하고 놀라운 사례이다. 이베이는 시장점유율 90%를 기록하며 전성기를 누리고 있었는데, 후발 주자인 타오바오가 불과 2년 만에 시장점유율 70%를 돌파하며 완벽한 승리를 거두었다"고 평가하였다.

이후에 마윈은 2008년 B2C 플랫폼인 tmall.com을 시작하였다. 이로써 알리바바 그룹은 Taobao$^{(C2C)}$, Tmall$^{(B2C)}$, Juhuasuan$^{(그룹\ 마켓플레이스)}$,

AliExpress$^{(글로벌\ B2C)}$, Alibaba.com$^{(글로벌\ B2B)}$, 1688.com$^{(중국\ 내\ B2B)}$의 6가지 자회사로 구성되어, 모든 종류의 전자상거래를 취급할 수 있게 되었다.

3. 혁신 3: 즈푸바오$^{(Alipay)}$ 탄생

마윈은 전자상거래가 크게 정보, 자금, 물류의 3가지로 귀결된다고 생각했다. 이에 먼저 정보와 물류 시스템을 어느 정도 구축하고 독자적인 안전결제 시스템을 개발하기 시작하였다. 마윈은 오랫동안 미국의 페이팔 모델을 주시해왔고, 중국 현지 상황에 맞지 않는 페이팔의 단점을 보완해서 새로운 온라인 결제 플랫폼을 만들었다. 2003년 7월 타오바오가 탄생한 지 몇 달도 되지 않은 시점에서 마윈은 '경제관찰보'와 인터뷰 중에 다음과 같이 말했다.

"지불 문제가 해결될 때까지 기다리기만 한다면 우리에게 기회가 올까요? 완벽한 상황이 될 때까지 기다리는 사람에게는 영원히 기회가 오지 않습니다."

2003년 10월 타오바오는 맞춤형 무료 온라인 결제 시스템 즈푸바오를 출시하였다. 마윈은 첫째, P2P 시스템 기반에서 결제가 이루어지고, 둘째, 철저한 신분인증 시스템이 존재하지 않았기 때문에, 페이팔이 중국의 현실과 맞지 않는다고 생각했다. 이러한 특징을 분석하여 즈푸바오 1.0 버전을 구상하였다. 먼저 구매자가 즈푸바오 가상 계좌에 돈을 입금하면, 판매자에게 입금 내역을 통보하고 상품 배송을 요구한다. 구매자가 상품을 받고 즈푸바오에 이상 유무를 알리면 즈푸바오가 구매자의 가상 계좌에 있는 돈을 판매자의 가상 계좌로 이체한다. 판매자는 거래 은행에서 현찰을 수령하게 되는 것이다. 2005년 3월 2일 즈푸바오와 공상은행은 전략적 파트너십을 체결하고 전자 비즈니스 결제 대행 플랫폼 공동 구축에 돌입하며 은행 공략에 나섰다. 월가의 투자 전문가들은 '결제 시스템 주도권을 잡는 자가 중국 전자상거래 시장을 차지하게 될 것이라고'라고 했는데, 즈푸바오는 중국 인터넷의 새로운 역사를 만들었고 결국 전자상거래 시장의 이정표가 되었다. 마윈은 종종 알리바바를 첫째 아들, 타오바오를 둘째 아들, 즈푸바오를 셋째 아들로 표현하는데, 그중에서도 셋째 아들에 대한 애착과 기대는 유별났다.[10]

4. 혁신 4: 차이냐오(Cainiao)

마윈은 완전한 전자상거래를 위해서 정보, 자금, 물류의 흐름을 완벽하게 통제해야 한다고 강조하였다. 2013년 5월 마윈은 중국 스마트 물류 네트워크 사업을 시작하며 차이냐오 네트워크 과학기술 주식회사를 설립하고 회장을 맡았다. 당시 중국 물류 업계는 시장 경쟁이 가장 치열한 분야였다. 차이냐오는 중국어로 '햇병아리', '초보', '풋내기'라는 뜻으로 자신을 낮추려는 의도도 있었다. 우리는 인터넷 회사이며 물류 회사가 아니라는 의미로 개방형 물류 플랫폼 사업을 하지만 실제로 택배 배송은 하지 않는다는 것이다.

차이냐오는 2013년 티몰 43%, 인타이 백화점 32%, 푸춘그룹 10%, 푸싱그룹 10% 투자에다 부동산 개발 기업 등 9개사가 공동 출자하였다. 비전은 개방·공유·사회화의 물류 인프라 플랫폼 구축이며 중국 국내 24시간 배송, 글로벌 72시간 배송을 목표로 하고 있다. 알리바바가

---

10) 마윈, 세상에 어려운 비즈니스는 없다, p.366-378.

채택한 모델은 중개형 모델(Brokerage Model)로 하나의 플랫폼을 통해서 구매자와 판매자에 온라인 거래 기회와 정보 공유의 장을 제공하고 중개수수료를 받는 '오픈마켓' 방식이다.11) 당시 마윈은 경쟁사인 징둥의 물류사업 독주를 막기 위해서 차이냐오를 설립한 것으로 알려져 있으며, 징둥과는 다르게 중개형 모델을 선택하였다. 또한 차이냐오가 택배회사가 아니라 인터넷 플랫폼 기업임을 줄곧 강조하였다. 사업내용은 창고서비스, 국제물류서비스, 빅데이터 기반 택배 서비스, 빅데이터 분석 및 물류 관리 시스템 등의 6개가 있다.12) 결국, 차이냐오가 물류 혁명을 일으키면서 2014년 5월에는 중국 내 전자 송장 사용률이 5%에 불과했지만 2018년에는 80% 수준까지 증가하였다.

 2016년 마윈 회장이 '신유통'이란 개념을 제시한 이후에 2017년 11월 11일에만 하루 판매액이 1,682억 위안(27조 원)에 달하였다. 빅데이터를 활용하여 물류 시스템을 최적화했으며, 이를 위해 알리바바 계열사가 제공하는 데이터뿐만 아니라 소비자 물류 데이터, 판매자 정보, 물류회사, 기상청 같은 공공기관 데이터까지 활용하고 있다. 차이냐오는 비용을 낮추기 위해서 해외 인프라 시설 강화를 위한 현지화 전략에 집중투자하여 해외 물류 네트워크를 구축하고 있다. 전 세계 200개 이상 도시의 육해공을 병합하고 다양한 운송 네트워크를 지속적으로 구축하며 유럽, 아프리카, 미주, 동남아, 중동 등의 20여 개 화물전용기 노선을 개설하였다.

---

11) 이에 반해 중국의 2위 업체인 징둥은 수직통합형 모델을 사용하고 있다. 이는 일종의 폐쇄형 모델로서 제품 관리를 중심으로 자금 및 정보관리를 통해 정보, 물류, 마케팅 부문의 수직적 통합을 이룬 형태로서 다양한 플랫폼에 걸친 시너지 효과가 가능한 장점이 있다. 그러나, 소비대상 특성화로 고객층이 다양하지 못한 단점이 존재한다.
12) 조진행(2017), 한국항만경제학회지, 제33집 제4호.

5. 혁신 5: 위어바오

마윈은 일찍이 '은행이 바뀌지 않는다면 우리가 은행을 바꾸겠다'고 공언하고 2013년 새로운 서비스 상품 위어바오를 출시하였다. 위어바오는 즈푸바오가 개인 고객을 위해 만든 일종의 금융상품이며, 고객은 즈푸바오 계좌의 잔액을 펀드에 투자해 수익을 올릴 수 있고, 상품 결제에 이용할 수 있다. 위어바오로 이체된 자금은 다음 영업일에 펀드 회사의 배당 확인을 거쳐 매일 정해진 수익을 올릴 수 있다. 2013년 12월 31일 기준으로 가입자 4,303만 명, 투자 금액 1,853억 위안을 기록하였다. 위어바오 가입자에게 배당된 누적 투자 수익은 17억 9천 위안이었다. 위어바오의 혁신은 전통적인 은행 업계에 큰 충격을 주었다. 2013년 6월 이후 은행 예금이 줄줄이 빠져나가면서 마윈을 비난하는 목소리가 들렸다.

위어바오는 확실히 개미로 코끼리를 쓰러뜨린 계획이었다. 마윈은 중국 금융업계의 낡은 사고방식을 깨고 변화와 개혁을 촉진하려면 기존의 판을 뒤엎을 혁신이 필요했다고 생각했다. 때문에 위어바오가 상대해야 할 고객은 타오바오 쇼핑을 즐기는 개미 군단이었다. 약간의 여윳돈으로 인터넷 쇼핑을 즐길 수 있으나 마땅한 재테크 방법을 찾지 못한 이들을 위해서 만든 상품이다. 이들이 재테크 상품을 이용하기에는 은행의 문턱이 너무 높았다. 물론 당시 은행에도 위어바오와 비슷한 펀드 상품이 있었다. 그러나 이 상품의 수익성은 위어바오랑 비슷했던 반면에, 최저 금액이 5만 위안^(870만 원)이었기에 서민의 실상과 맞지 않았다. 마윈은 위어바오에 제한을 두지 않으며 적은 금액을 모아서 MMF 상품을 운용한 것이다. 마윈은 '고객의 입장에서 생각하면 고객이 무엇을 원하는지 알 수 있다'라는 말처럼 서민의 마음을 간파한 것이다. 사실 이러한 소액 투자를 모으는 것은 꽤 번거로운 일이다. 그러나 마윈은 혁신가로서 오랜 시간 축적된 기술의 힘과 사용자 경험을 꾸준히 변화시켜 온 노력으로 위어바오를 탄생시켰다.13)

Ⅳ. 마윈의 새로운 혁신

2020년 앤트그룹 상장이 연기된 이후로 마윈은 근래에 알리바바그룹을 6개사로 분할하고 그룹별로 IPO를 추진할 계획이다. 6개사는 클라우드 인텔리전스 그룹, 타오바오와 티몰 산하 전자상거래 그룹, 차이냐오의 스마트 물류 그룹, 지역 서비스 그룹, 글로벌 디지털 비즈니스 그룹, 디지털 미디어 및 엔터테인먼트 그룹이다. 현재 알리바바는 6개사의 외부 자금 조달과 IPO를 추진하고 있으며, 차이냐오가 첫 IPO가 될 것으로 전망된다.

서두에서 슘페터가 언급한 혁신의 원천인 ① 새로운 제품 ② 새로운 생산방법 ③ 새로운 시장의 개척 ④ 새로운 원료 및 반제품 공급원 ⑤ 새로운 조직 측면에서 마윈의 기업가 정신을 살펴보자. 첫째, 마윈의 새로운 제품이란 즈푸바오와 위어바오이다. 이전에는 전혀 존재하지 않았던 결제 상품을 기획하여 중국의 핀테크 산업을 발전시키는 밑바탕을 이루게 되었다. 현재 중국의 결제시장은 즈푸바오(Alipay)와 위챗페이(WeChat pay)가 양분하고 있는데, 이러한 핀테크 생태계를 형성하는 데에 있어 마윈의 역할은 절대적이었다. 둘째, 새로운 생산방법은 차이냐오

---

13) 마윈, 세상에 어려운 비즈니스는 없다, p519-524.

이다. 중국 국내 24시간 배송, 글로벌 72시간 배송을 목표로 형성한 오픈형, 중개형 모델(Brokerage Model)이며 새로운 생산방법으로 과감한 혁신이었다. 셋째, 새로운 시장 개척은 중국의 전자상거래 시장 개척이다. 그는 알리바바로 B2B 시장을 과감하게 먼저 공략하고, 타오바오로 이베이와의 경쟁이자 C2C 시장에서 승리하였다. 넷째, 새로운 원료 및 반제품 공급원은 알리바바, 즈푸바오를 통해서 이룬 개미의 혁신이다. 앤트그룹 이름에서도 추측할 수 있듯이 마윈은 항상 개미로 비유되는 작은 사람들의 힘에 주목하였다. 개미군단으로 구성된 평범한 중소기업들 또는 쇼핑을 즐기는 보통사람들을 잠재적인 고객으로 생각하였다. 다섯째, 새로운 조직이다. 마윈은 여러 인사조직 실험을 진행하였는데, 직원의 가치관과 공동체 의식에 중점을 두는 평가 시스템인 '육맥신검'이 대표적이다. 결론적으로 마윈은 슘페터가 주장한 기업가 정신의 5가지 요소에 가장 잘 어울리는 창업가 중 1명이다.

　마윈의 최근 행보를 보면 농업과 관련된 스타트업에 투자한 것으로 알려져 있다. 중국 저장성 항저우에서 '1.8미터 해양기술'이 자본금 1억 1,000위안으로 설립되었는데, 2대 주주가 마윈으로 알려졌다. 마윈은 2019년 은퇴 후 스페인과 네덜란드 등에서 농업과 환경 문제에 관한 기술을 배웠고, 일본 도쿄대학교에서도 지속가능한 농업과 식량 생산을 연구한 것으로 알려져 있다.14) 마윈의 새로운 혁신이 농업에서도 성공할지는 두고 봐야 할 것 같다. 단지 한 가지 확실하게 이야기할 수 있는 점은 마윈의 혁신이 중단된 것이 아니라 계속 진행 중이라는 사실이다.

---

14) 『농민신문』, '마윈 전 알리바바 회장, 중국 농업 벤처 주주로'.

참고문헌

류스잉·펑정. 양성희 옮김. 『마윈 : 세상에 어려운 비즈니스는 없다』. 열린책들
은종학. 『중국과 혁신 : 맥락과 구조, 이론과 정책 함의』. 한울 아카데미
류스잉·펑정. 차혜정 옮김. 『알리바바, 세계를 훔치다』. 21세기 북스슘
페터. 『경제 발전의 이론』. 1911
선웨이펑. 김창우 옮김. 『마윈웨이』.
장옌. 김신호 옮김. 『알리바바 마윈의 12가지 인생강의』 매일경제신문사
『농민신문』. 2023년 8월 15일. '마윈 전 알리바바 회장, 중국 농업 벤처 주주로'
조진행, "마윈의 기업가 정신과 알리바바의 물류 전략", 『한국항만경제학회지』. 제33집 제4호. 2017

저자 약력

문 익 준 (文益俊, Moon Ikjoon)

소 속 | 국민대학교 중국학부
학 력 | 중국 칭화대학교 경제학 박사
주요 연구 | 『미중 전략경쟁 시대 한국의 대외전략 51문답』(공저, 2022), "공간모형을 이용한 한국의 대중국 수출 분석"(2021), "중국 혁신형 산업클러스터의 외부효과 분석"(공저, 2019) 등

5장

2023 태국 총선과 새로운 정치 엘리트의 등장:

좌절과 희망*

이미지 (부산외국어대학교)

입헌군주제 국가인 태국에서 새 정부 수립을 위한 하원의원 총선거가 2023년 5월에 실시되었다. 선거 결과, 민의는 군부의 정치 개입을 거부했다. 그러나 새 정부 구성 및 정권교체의 과정은 그야말로 이변의 연속이었다. 이번 총선에서 최다 득표한 까우끌라이당의 피타 림짜른랏 총리 후보가 상하원 합동의 총리 지명 투표에서 과반의 찬성 획득에 실패하면서, 국민이 선거를 통해 선택한 인물은 총리가 될 수 없었다. 현행의 헌법에 따라 군부가 지지하는 인물이 사실상 총리가 되는 구조이기 때문이다. 이에 제2당이었던 탁씬계 정당 프어타이당이 오랜 기간 적대관계에 있던 군부 세력과의 연합을 통해 쎗타 타위씬을 제30대 총리로 하는 새 연립정권을 발족시켰다.

　결과적으로 국민의 표는 무효가 되어 돌아왔으며, 친군부 정당의 영향력이 지속된 형태의 연립정부의 출범으로 인해 민주화 및 선거 민주주의의 향방은 여전히 불투명하다. 그럼에도 불구하고 국민적 지지를 받는 새로운 정치인의 등장이 가져다준 변화는 적지 않으며, 희망은 계속된다.

* 이 글은 한신대 유라시아연구소에서 발간하는 유라시아 브리프 통권 74호에 실린 필자의 글과 한국태국학회논총 30권 2호에 실린 "2023 태국 총선: 탁씬파 주도 연립정권의 탄생과 군부와의 연합"이라는 제목의 필자 논문을 수정·보완한 것이다.

I. 들어가는 말

2023년 5월 14일 태국에서는 소선거구 400석, 비례구 100석의 총 500 의석을 선출하는 총선(임기 4년)이 있었다. 2014년 친 탁씬 친나왓(Thaksin Shinawatra) 정권에 대한 두 번째 군부 쿠데타를 통해 등장한 쁘라윳 짠오차(Prayut Chan-o-cha) 정권 9년을 평가하는 하원의원 총선거이다.1) 태국 선거관리위원회(Election Commission Of Thailand)의 공식 발표에 따르면, 이번 선거는 75.71%라는 태국 정치 역사상 최고 투표율을 달성했다.2) 결과는 선거 전 야당이었던 민주파 정당들이 승리를 거두면서 군부는 국민으로부터 외면을 받았다. 그러나 이처럼 민주화를 열망하는 민의는 군부가 작성한 현행 2017년 헌법에 발목이 잡혀, 정권교체 과정이 좀처럼 순탄하지 않았다. 총선 후 3개월의 정권 공백 끝에 새 총리가 탄생했지만, 새 정권 발족 과정은 그야말로 이변의 연속이었다. 결과적으로 국민이 선거를 통해 선택한 정당은 야당이 되었다.

이번 선거와 총리 선출 과정에서는 두 가지 사건에 주목할 필요가 있다. 첫째는 선거 결과, 국민의 최대 지지를 받은 정당이 2001년 탁씬 정권 탄생 후 모든 선거에서 무패를 기록했던 탁씬계 정당이 아닌, 왕실모독죄(형법 112조) 개정과 징병제 폐지, 동성혼 법제화 등의 파격적인 개혁을 내세운 반군부적 성향이 가장 강한 까우끌라이당(Phak Kao Klai, Move Forward Party)이라는 점이다.3) 이 정당을 이끄는 인물이 바로 1980년

---

1) 쁘라윳 전 총리는 2014년 탁씬의 여동생인 잉락 친나왓(Yingluck Shinawatra, 1967년생) 정권에 대한 군부 쿠데타를 주도하여 5년간의 잠정 군사정권을 이끈 후, 2019년 총선을 통해 총리직을 연임했다(이미지, 2022: 131).
2) 태국 선거관리위원회, 2023년 선거 결과(공식), https://official.ectreport.com/overview (검색일: 2023.07.25).
3) 까우끌라이당의 전신은 창당 1년 만에 2019년 총선에서 81석을 획득하여 제3당으로 급부상한

생의 젊은 정치인 피타 림짜른랏(Pita Limjaroenrat)이다. 둘째, 탁씬계 정당 프어타이당(Phak Pheu Thai, For Thais Party)이 정권 획득을 위해 오랜 기간 적대 관계에 있던 군부세력과의 연합을 선택했다는 점이다. 이것으로 탁씬계 정당은 2001년 등장 이후 네 번째 정권을 수립하게 되었다. 새 총리가 탄생하기 직전, 즉 상하 양원의 총리 지명 투표가 있던 2023년 8월 22일, 군부 쿠데타로 해외로 도피했던 탁씬이 17년 만에 태국으로 귀국했다. 같은 날 선출된 새 총리는 탁씬의 측근 쎗타 타위씬(Srettha Thavisin, 1963년생)이다. 국민이 선거로 뽑은 제1당이 왜 야당이 되었는지보다, 어쩌면 군의 정치적 영향력 배제와 선거 민주주의를 강조하며 유권자의 지지를 호소해 온 탁씬계가 군부세력과 타협하며 정권 획득을 우선시한 사실이 국민에게는 더 큰 충격으로 다가왔을 것이다.

본고에서는 2023년 총선이 낳은 피타 림짜른랏과 같은 국민적 지지를 받는 새로운 정치 엘리트의 위협적인 등장이 태국 정치에 미치는 영향과 의미에 대해 주목해보고자 한다.

II. 2023 총선 결과

이번 총선에서 피타 림짜른랏이 이끄는 까우끌라이당은 득표수와 의석수(151석: 소선거구 112석, 비례구 39석) 모두에서 승리하며 제1당으로 부상했다. 선거 전 최대 야당이었던 프어타이당은 141석(소선거구 112석, 비례구 29석)을

아나콧마이당(Phak Anakhot Mai, Future Forward Party)이다. 2020년 2월 아나콧마이당이 헌법재판소에 의해 정당법 위반을 이유로 해산되자, 그 이념을 이어받아 창당된 것이 지금의 까우끌라이당이다.

획득하며 제2당이 되었다. 즉 반군부파 정당인 양 정당이 하원 전체 의석의 약 60%에 가까운 292석을 확보했다. 투표를 행사한 39,514,964명 중, 까우끌라이당은 14,438,851명의 표를 받았으며, 프어타이당은 10,962,522명의 표를 받았다.

군부와 연정하여 여당 제2당이었던 아누틴 찬위라꾼(Anutin Charnvirakul, 1966년생)4)이 이끄는 품짜이타이당(Phak Bhumjaithai, Thai Pride Party)은 제3당으로 71석(소선거구 68석, 비례구 3석)을 차지했다. 한편 군부가 2018년 직접 창당한 집권 여당이었던 팔랑쁘라차랏당(Phak Phalang Pracharat, People's State Power Party)은 40석(소선거구 39석, 비례구 1석)만을 획득하며 참패했다. 팔랑쁘라차랏당에서 탈당한 쁘라윳 전 총리 중심의 루엄타이쌍찻당(Phak Ruam Thai Sang Chart, United Thai Nation Party)은 36석(소선거구 23석, 비례구 13석)을 차지하는 데에 그쳤다. 이어서 한때 옐로우셔츠를 대변하여 레드셔츠인 탁씬계 정당과 대적했던 여당 쁘라차티빳당(Phak Prachathipat, Democrat Party)은 지난 선거에 이어 이번 선거에서도 25석(소선거구 22석, 비례구 3석)의 6위라는 초라한 성적을 거뒀다. 이들 6개 정당이 전체 의석수의 약 93%인 464석을 차지했으며, 그 외 소규모 정당들이 나머지 남은 의석수를 나누어 가졌다.5)

사실 까우끌라이당의 승리는 누구도 예상치 못한 결과였다. 선거 전

---

4) 중도 성향의 정당인 품짜이타이당의 당 대표 아누틴은 쁘라윳 정권에서 부총리 겸 보건부복지부 장관으로 재직했다. 한국에서도 주목받은 태국의 대마 합법화를 추진한 인물이다. 태국 국가부패방지위원회(Office of the National Anti-Corruption Commission)가 공개한 발표에 따르면, 아누틴의 재산은 약 44억 바트에 이르는 것으로 조사되었는데, 2019년부터 장관직에 있는 4년 동안 약 1억 2,300만 바트가 증가하고, 부채는 약 3,500만 바트가 감소한 것으로 알려져 논란이 있었다(Thai PBS 23/06/06).
5) 지난 2019년 총선에서는 프어타이당이 136석으로 최다 의석수를 획득하며 제1당에 올랐지만, 군부가 창당한 팔랑쁘라차랏당이 소규모 정당을 포함한 19개 정당과 연립하여 254석 과반수를 확보하면서 연립정부를 구성했다. 참고로 2019년 총선 결과는 프어타이당에 이어 팔랑쁘라차랏당 116석, 아나콧마이당 81석, 쁘라차티빳당 53석, 품짜이타이당 51석의 순이었다(김홍구·이미지, 2020: 77-78).

분위기는 모두가 탁씬계 정당인 프어타이당이 최다 의석수를 획득할 것으로 예측했으며, 프어타이당 본인들조차 승리를 전제로 정권교체에 필요한 랜드슬라이드(Landslide)를 주창하는 데 집중했다. 까우끌라이당은 프어타이당의 전통적인 지지 기반인 북부 치앙마이와 친군부 보수정당 지지층이 두터운 남부의 푸껫에서도 승리를 이끌어냈다. 구체적으로 치앙마이의 경우, 10개 선거구 중 까우끌라이당이 7석을 차지했으며, 나머지는 프어타이당이 2석, 팔랑쁘라차랏당이 1석을 확보했다. 한편 보수정당들이 승리한 다른 남부 지방과 달리 유일하게 푸껫의 경우, 3개 선거구 모두에서 까우끌라이당이 승리하는 이변을 보여주었다. 그 무엇보다 태국의 정치와 경제 중심지 방콕 33개 선거구에서는 단 1석만을 프어타이당에게 내어주고, 나머지 32석을 까우끌라이당이 석권하는 쾌거를 달성했다. 이는 기존 군부 및 보수 세력뿐 아니라 같은 민주파 정당인 프어타이당에게 있어서도 매우 충격적인 결과였다.

한편 친군부 정당은 이번 선거에서 대패했는데, 이미 선거 시행 전부터 쁘라윳 정권에 대한 지지율은 크게 하락하고 있었다. 대정당에게 유리하도록 선거제도를 개정했음에도 불구하고, 정당 내 분열로 인해 팔랑쁘라차랏당은 40석밖에 획득하지 못했다. 팔랑쁘라차랏당에서 탈당한 쁘라윳 전 총리 중심의 루엄타이쌍찻당 의석수를 합해도 76석이라는 성적은 초라하다. 쁘라윳 정권은 2019년 총선을 통해 민간정부의 형태로 새 출발 했지만, 그해 세계를 강타한 코로나19의 대유행으로 인해 경제 정책을 추진하고 성과를 내기에는 한계가 있었다. 젊은 세대를 중심으로 전개된 민주화를 촉구하는 반정부 운동에 더해, 정부의 미흡한 코로나 대응 및 장기간 지속된 경제 침체에 대한 국민의 불만은 커져갔다. 그러한 친군부 정권에 대한 국민의 평가가 이번 선거 결과로 나타난 것이다.

[그림 1] 2023 총선 결과   [그림 2] 방콕 33개 선거구 결과

오렌지: 까우끌라이당   레드: 프어타이당
출처: https://thestandard.co/ 갈무리   출처: https://www.pptvhd36.com/ 갈무리

Ⅲ. 정치적 엘리트층의 세대교체와 피타 림짜른랏

태국의 전 총리인 쁘라윳 짠오차가 1954년생, 탁씬 친나왓이 1949년생, 팔랑쁘라차랏당의 총리 후보 쁘라윗 웡쑤완(Prawit Wongsuwan)이 1945년생, 국회의장 완무하맛너 마타(Wan Muhamad Noor Math)가 1944년생 등으로 태국의 정치 지도자층은 비교적 고령화되어 있다. 그러나 이번 선거에서 주목할만한 특징은 젊은 정치 지도자들의 등장이다. 선거기간 개최된 토론회에서는 기성 정치인과는 대비되는 이들 젊은 정치인들의 명확한 의사표명과 거침없는 답변들이 국민들에게 크게 각인되었다(Matichon online 23/04/02).

프어타이당은 총리 후보에 3명의 후보를 동시에 내세웠는데, 이번 제30대 총리 쎗타와 함께 등장한 인물이 바로 패텅탄 친나왓(Paetongtarn

Shinawatra, 1986년생)이다.6) '웅잉' 또는 '잉'이라는 닉네임으로 불리는 그녀는 탁씬 전 총리의 막내딸이다. 2021년 10월 동북부 컨깬에서 열린 전당대회에서 당의 혁신을 위한 수석 고문(Chief Adviser)으로 임명되면서 정계에 입문했다(Bangkok Post 2021/10/28). 1986년생인 그녀는 이번 총선에서 만삭의 몸을 이끌고 활발한 선거 활동을 전개하며 지지층을 모았다. 프어타이당은 젊은 정치인 및 당원의 대거 영입을 통해 평균연령이 고령화되어 있는 정당 이미지를 탈피하고 변화와 혁신을 강조했다.

한편 이번 선거를 통해 부상한 정치 주역은 단연 피타 림짜른랏이다. '오렌지 팬덤'7) 현상까지 만들어가고 있는 그는 까우끌라이당의 전신인 아나콧마이당에 입당하여 2019년 태국 총선에서 의원으로 당선되었다. 타나턴 쯩룽르앙낏(Thanathorn Juangroongruangkit, 1978년생)이 이끌던 아나콧마이당이 헌법재판소에 의해 2020년 2월에 강제 해산되자, 81명의 하원의원 중 54명이 까우끌라이당을 창당하여 이적했다(김홍구·이미지, 2021: 93). 까우끌라이당의 당 대표 피타는 이번 총선에서 총리 후보로 입후보하여 파격적이고 급진적인 공약을 내세우며 선거 활동을 이어갔다. 기존에는 젊은 세대를 중심으로 그에 대한 지지층이 형성되었지만, 이번 선거에서 그는 중장년층의 지지도 폭넓게 받았다. 앞서 살펴본 바와 같이, 약 1,400만 명의 유권자가 피타 림짜른랏이 이끄는 까우끌라이당을 지지했다. 태국 민주화 역사의 상징인 탐마쌋 대학을 졸업한 후, 하버드 대학과 MIT(매사추세츠 공과대학)에서 유학한 그는 현재, 이혼 후 어린 딸

---

6) 프어타이당의 총리 후보는 패팅탄 친나왓과 쎗타 타위씬, 차이까쎔 니띠씨리(Chaikasem Nitisiri, 1949년생)이다(Thai PBS WORLD 23/03/27).
7) 까우끌라이당과 민주화를 지지하는 이들을 가리키는 용어인 '덤쏨(오렌지 팬덤)'은 정당의 상징색인 오렌지색과 팬덤(Fandom)이 합쳐진 신조어이다. 까우끌라이당을 지지하는 국민들은 선거기간 중 개인 소셜미디어(SNS)에 까우끌라이당의 후보번호 31번을 간접적으로 표현하여 지지를 촉구했다. 예를 들어 '뷔페 맛집 31곳 소개', '오렌지색 꽃 31가지 소개' 등의 글을 게시하면서 까우끌라이당을 지지했다.

을 홀로 키우고 있다. 총선 후 이 젊은 엘리트의 일거수일투족이 연일 화제가 되며, 태국은 피타 열풍이었다. 총선 다음날 이루어진 기자회견에서 피타는 태국 국민 모두의 총리가 될 준비가 되어있다며 차기 총리로서의 자신감을 표명했다.[8]

그의 인기는 오히려 선거 후 더 치솟고 있다. 2023년 6월 5일 "Is Pita a real influencer?"라는 제목의 기사가 실렸다[Thai PBS WORLD 23/06/05]. 유창한 영어 실력으로 해외언론과 인터뷰하는 모습, 회의에 늦지 않게 오토바이 택시를 타고 등장하는 소탈한 모습, 인터뷰에서 등장한 그의 흰색 기타와 그와 관련된 숫자 복권[9] 등은 연일 주목받았다. 특히 6월 성소수자의 달을 맞아 방콕에서 개최된 LGBTQ 관련 행사[Bangkok Pride 2023] 때 착용한 무지개 무늬 셔츠와 피타가 즐겨 마신다던 지역 주류는 매진을 기록했다. 피타가 이처럼 대중에게 주목받는 이유는 단순히 그가 가진 화려한 배경과 능력, 준수한 외모 덕분만이 아니다. 국회에서 국민을 대변해 당당하게 의견을 제시하는 모습과는 대비되는, 국민을 향해서는 늘 머리를 낮추는 겸손함을 보여주고 있다. 개혁을 절실히 희망하는 국민들은 기존의 정치인에게서는 잘 볼 수 없었던 낯선 모습에서 변화의 가능성을 기대하고 있는 것 같다.

피타는 민주주의, 경제, 농업, 교육, 공중보건 등 9개 분야에서 300개의 정책을 공약으로 내세웠다[10]. 주요 공약으로 하루 최저임금을 450바트로 인상 후 매년 개정하며, 수돗물을 10년 이내에 마실 수 있는 위생 수준으로 향상시키겠다고 약속했다. 또한 새 헌법의 제정, 왕실모독

---

8) Thai News Agency MCOT 유튜브 채널, https://www.youtube.com/watch?v=weMVR9cAW-o (검색일: 2023.06.04)
9) 예를 들어, 43(피타의 나이)과 30(30번째 총리) 등의 복권 숫자가 큰 인기를 끌었다.
10) 까우끌라이당 홈페이지, https://election66.moveforwardparty.org/policy (검색일: 2023.09.09)

죄에 해당하는 형법 112조의 개정, 군대 개혁 및 징병제 폐지, 부정부패 청산과 깨끗한 정치를 공약으로 내세우며 변화와 의회민주주의를 희망하는 국민들의 전폭적인 지지를 받았다. 다른 정당에 비해 상대적으로 젊은 층의 당원으로 구성된 까우끌라이당은 소셜미디어(SNS)를 적극 활용하여 선거 활동을 이어갔다. 사실 기존 탁씬파에는 탁씬을 지지하지는 않지만, 승리를 위해 군부의 장기간 정치 개입을 묵인하는 반탁씬파를 반대하는 사람들이 다수 포함되어 있었다(김홍구·이미지, 2021: 93). 탁씬파 정권에 대한 반복되는 쿠데타 발생과 9년간의 쁘라윳 정권에의 피로감이 더해져, 많은 국민들이 새로운 정당인 까우끌라이당과 젊은 정치인 피타를 지지한 것으로 분석된다.

Ⅳ. 좌절된 유권자의 목소리와 새로운 총리

까우끌라이당이 최다 득표수와 최다 의석수를 획득하며 제1당에 올랐지만, 피타는 총리가 될 수 없었다. 의석수, 득표수 모두에서 까우끌라이당이 승리하면서 프어타이당은 작지 않은 충격을 받았지만, 선거 직후 프어타이당의 당 대표 촌라난 씨깨우(Chonlnan Srikaew, 1961년생)와 패팅탄은 패배를 즉시 인정하며 까우끌라이당이 주도하는 연립정부 구성에 참여할 의사를 발표했다. 어느 정당도 단독 과반을 차지하지 못해 연정을 구성해야 하는 상황이었기 때문이다. 이 2개 정당을 포함하여 8개 정당이 피타를 차기 총리로 하는 새 정권 수립을 목표로 연립하는 것에 합의하면서, 피타는 하원 500석 중 312석을 확보했다. 그리고 이 8개 정당은 5월 22일에 새 정권 발족 후에 논의될 정책을 합의한 양해각서

(MOU)를 체결했다. MOU에는 새 헌법 제정, 합법화된 대마의 재규제, 징병제에서 모병제로의 이행, 동성혼의 법제화 등 23개 정책이 포함되었으며, 8개 정당 간 합의에 이르지 못한 형법 112조(왕실모독죄) 개정은 협의 내용에 포함되지 않았다. MOU 서명식을 9년 전인 2014년 쁘라윳 전 총리가 쿠데타를 선언한 날짜와 같은 날 동 시간대에 진행하면서, 민주화 정권의 탄생이라는 상징성을 부여했다.

피타는 하원 500석 중 312석이라는 다수파를 확보했음에도 불구하고, 총리의 꿈은 좌절되었다. 그 이유는 군부가 작성한 현행의 2017년 헌법에 있다. 원래 하원 500명에서만 이루어지던 총리 선출이, 현행의 헌법에서는 군사정권 하에 임명된 상원 250명이 함께 참여하여, 상하원 합쳐 과반수로 총리를 선출한다. 즉 군부가 이미 3분의 1의 표를 확보한 상태가 되기 때문에, 선거 결과와는 별개로 군부가 지지하는 인물이 사실상 총리가 되는 구조이다. 지난 2019년 총선에서 프어타이당이 제1당에 올랐지만, 쁘라윳이 총리로 선출될 수 있었던 이유도 바로 군부가 작성한 2017년 헌법 덕분이다. 그러나 총리 지명에 상원이 참여하는 것은 2017년 헌법에서 규정된 5년간의 이양기간 동안이다. 이 이양기는 2024년 5월에 만료되고, 그 이후는 상원 250석이 기존의 200석으로 복귀하며, 총리 선출도 하원에서만 이루어진다.[11] 그러나 이양기 만료 전에 이루어진 이번 선거에서 정권교체를 이루기 위해서는 상하원의 과반수인 376석을 획득해야 하는데, 군부의 지지 없이는 현실적으로 불가능하다.

선거관리위원회의 하원의원 공식 발표가 늦어지면서, 5월 총선 후 7

---

11) 군부는 2017년 헌법 제정을 통해 상원을 기존 200석에서 250석으로 증원하고, 선출직이었던 상원을 임명직으로 하며, 군부가 임명한 상원을 총리 선출에 참여시킴으로써, 선거를 시행해도 군부가 승리하는 체제를 완성했다.

월 3일이 되어서야 하원의장 선출을 위한 첫 의회가 열렸다. 헌법에 따르면, 선거관리위원회는 선거 결과를 선거일 60일 이내에 발표해야 한다(헌법 제 85조). 그리고 헌법 제121조에 따라 결과 발표일로부터 15일 이내 최초의 국회를 소집해 의회를 열어야 하며, 그때 하원의장과 하원부의장을 선출한다. 국회의장이 선출되면 총리 선출을 위한 국회를 소집하며, 헌법 제272조는 제159조 제3항의 규정에 따라 총리 선출이 상하양원 2분의 1 이상의 투표에 의해 결정하도록 한다. 한편 총리 선출 기간에 대해서는 기간을 따로 규정하고 있지 않다. 하원의장 선출에 대해 까우끌라이당과 프어타이당은 서로에게 하원의장의 자격이 있다고 주장했으며, 그 이견은 좀처럼 좁혀지지 않았다. 결과적으로 양 정당의 인사가 아닌 소규모 정당인 쁘라차찻당(Phak Prachachart, National Party)의 완무하맛너 마타를 단독 후보로 하는 것으로 타협하며, 7월 4일 의회에서 하원의장을 선출했다. 대신 제1부의장에는 까우끌라이당의 인사로, 제2부의장에는 프어타이당의 인사로 채워졌다.[12]

2023년 7월 13일 총리 선출을 위해 열린 의회에서 그 첫 번째 투표가 실시되었다. 피타는 유일한 입후보자였지만, 투표권을 가진 하원 500명과 상원 249명[13]의 합계 749명 과반인 375명을 넘지 못했다. 구체적으로 하원 311명, 상원 13명 등 총 324명이 찬성했지만, 182명이 반대, 199명이 기권, 44명이 결석했다(Workpoint Today 23/07/13). 즉 하원에서 311표로 과반을 확보했음에도, 상원에서 단 13명만이 찬성하면서 51표가 부족했다. 상원은 피타를 지지하지 않는 이유로 까우끌라이당의 형법 112조(왕실모독죄) 개정을 명분으로 들었다.

---

12) 제1부의장은 빳디팟 싼띠파다(Padipat Suntiphada, 1981년생), 제2부의장은 피쳇 츠아므앙판(Pichet Chuamuangphan, 1963년생)이다(Thai PBS 23/07/07).
13) 상원의원 250명 중 1명이 사직하면서 249명이다.

한편 같은 시기 선거관리위원회는 피타가 미디어 기업의 주식을 부친으로부터 상속받아 보유한 사실이 선거법을 위반했는지를 조사했다. 하원의원 선거법 제42조는 미디어 기업의 주식을 보유한 후보자의 출마를 금지하고 있으며, 제151조는 입후보 자격이 없음을 인지하면서 출마한 경우, 10년 이하의 금고와 20만 바트 이하의 벌금이 부과되며 20년간의 선거권을 박탈한다고 규정하고 있다. 선거 당시 피타가 보유했던 iTV 주식 4만 2,000주가 문제가 되었는데, iTV는 사실 지금은 Thai PBS라는 공영방송으로 바뀐 2007년에 역사 속으로 사라진 민영방송국이다. 그럼에도 선거관리위원회는 7월 12일 피타의 iTV 주식 소유가 위법이라며 헌법재판소에 제소하였고 그의 국회의원 자격 정지를 요구했다. 7월 19일 피타의 두 번째 총리 지명을 위한 의회가 열린 날, 헌법재판소는 피타에 대해 국회의원직 자격을 잠정적으로 정지하는 결정을 내렸다.14) 여기에다 피타를 다시 단독 총리 입후보자로 하는 것에 대해 의회 내 보수파를 중심으로 반대의견이 나오면서 당일 총리 선출 자체가 무산되었다. 당일 의원 자격이 정지된 피타를 제외한 748명 중 395명이 피타의 재입후보를 반대했으며, 312명이 찬성, 8명이 기권했다. 이에 의회는 피타의 두 번째 입후보를 인정하지 않는다는 결정을 내렸다. 피타는 국회의원직 자격의 잠정적 정지라는 헌법재판소의 결정을 존중한다고 밝히며 의회를 떠나면서 다음과 같이 말했다.

"저는 5월 14일을 기점으로 태국은 이전과 같지 않으며 이미 변화했다고 생각합니다. 그리고 만약 국민이 절반의 승리를 이루어냈다면, 아직 절반이

---

14) 사법의 정치 개입을 통한 민주화 세력에 대한 편중된 판결은 과거에도 수차례 있었다. 앞서 언급한 까우끌라이당의 전신인 아나콧마이당도 헌법재판소의 강제해산 판결에 따라 타나턴 당 대표 및 당 간부 16명의 참정권이 10년간 정지당했다.

남아있습니다. 비록 제가 역할을 수행할 수 없더라도, 의원 동료 여러분들이 국민들을 계속해서 돌봐 주시기 바랍니다."
(The Momentum 23/07/19)

피타는 9월 15일 당을 위한 결정이라며 당 대표를 사직했지만(thairath 23/09/15), 국내외 지지자들과 활발하게 소통하는 등 다양한 활동을 이어갔다. 헌법재판소는 2024년 1월 24일 피타의 미디어 주식과 관련해서는 iTV가 2007년 이후 미디어 기업으로서 기능하고 있지 않기 때문에 무죄라고 판결했다(BBC News Thai 24/01/24). 이로 인해 피타의 하원의원 복귀가 가능해졌지만, 피타와 까우끌라이당은 또다시 해산의 위기에 처해있다. 헌법재판소는 2024년 1월 31일 피타 및 까우끌라이당의 공약이었던 형법 112조 개정이 '국왕을 원수로 하는 민주주의'의 원칙을 크게 위협하는, 헌법에 위배되는 행위라고 판결을 내렸다(thairath 24/02/01).

한편, 피타의 연립정부 구성이 불발되면서, 주도권은 프어타이당에게로 돌아갔다. 프어타이당은 정권 획득을 위해 까우끌라이당을 배제한 형태로 집권 여당이었던 군부세력 및 보수파 정당들과 손을 잡는 것을 선택했다. 그 결과 2023년 8월 22일 단독 후보로 나선 쎗타가 상원 152명의 표를 포함하여 총 482표를 획득하면서 새로운 총리로 선출되었다. 1963년생 쎗타는 정치인이 아닌 부동산 개발 큰손으로 경영인 출신이며, 탁씬의 측근으로 알려져 있다. 프어타이당은 팔랑쁘라차랏당과 루엄타이쌍찻당, 품짜이타이당 등 11개 정당과 대연립하여 하원 500석 중 314석을 확보했다. 지금까지 군부의 정치 배제 및 선거 민주주의를 강조하며 유권자의 지지를 호소해 온 만큼 프어타이당에 대한 국민들의 충격과 비판은 거세다.

그러나 이와 같은 프어타이당의 선택은 사실 어느 정도 예상되어 있었다. 프어타이당은 선거기간 군부와 연립하지 않겠다는 확답을 요구하는 기자의 질문을 수차례 회피한 바 있으며, 선거를 얼마 남겨두지 않은 시점에 와서야 군부세력과 손을 잡지 않겠다고 공언했다. 과거 프어타이당은 2001년 탁씬 정권 탄생 후 2019년까지 있었던 다섯 번의 선거 모두에서 국민의 최대 지지를 받으며 제1당을 차지한 바 있다. 헌법재판소가 무효처리한 2006년과 2014년의 총선을 포함하면 일곱 번 선거 모두에서 승리를 이끌어냈다. 그러나 지난 2019년 총선에서 프어타이당은 제1당이었지만, 현행의 2017년 헌법의 벽을 넘지 못하고 집권 여당이 되지 못했으며, 총리후보자 또한 내지 못하고 아나콧마이당(현 까우끌라이당)에게 반군부표를 양보해야만 했던 경험이 있다.

새로운 민주파 정당의 부상은 군부파 정당뿐 아니라, 같은 민주파 정당인 프어타이당에게도 큰 위협이었다. 2021년 선거에 관한 헌법 조항의 개정 심의, 2022년 하원의원 선출법 개정 심의에서 프어타이당은 팔랑쁘라차랏당과 함께 까우끌라이당에 불리한 제도 변경안에 찬성한 사실이 이를 뒷받침한다. 구체적으로 2021년 9월 상하원 합동회의에서 승인된 2017년 헌법의 개정안을 살펴보면, 제83조가 하원의 의석 배분을 2017년 이전의 제도로 되돌린다는 내용이다. 즉 소선거구 350명, 비례구 150명에서, 소선거구 400명과 비례구 100명으로 복귀한다는 것이다. 이 개정안은 대정당에게 유리하게 작용하는 것으로 알려져 있다. 이번에 개정되기 전의 제도는 2017년에 도입한 것으로, 군부가 2019년 총선을 대비해 대정당인 프어타이당에게 불리하도록 설계했던 것이다. 당시 창당된 지 얼마 되지 않은 아나콧마이당이 81석을 차지할 수 있었던 것도 이 제도의 덕이 크다. 중소정당에게 다소 불리한 2017년 헌법 개정안의 찬반을 두고 집권 여당인 품짜이타이당을 비롯한 다수 의원들이 기권한 가운데, 팔랑쁘라차랏당과 프어타이당이 찬성하면서 동 개정안은 통과되었다. 양 정당의 목적은 까우끌라이당 견제에 있다(青木,

2022: 3-4).

　프어타이당이 이번 총선에서 제1당이 된 후 군부세력 및 보수정당과의 협상을 통해 집권에 도전할 가능성이 있음은 선거 시행 전부터 많은 학자들에 의해 제기되었다. 일본의 아시아경제연구소 아오키(靑木)는 이번 정부 구성 과정에서 보여준 프어타이당과 군부의 연대는 이미 준비된 시나리오였다고 분석한다(靑木, 2023: 3). 프어타이당은 제1당의 자리에서 군부와의 극적인 화해를 통해 정치적 안정을 확보하고 선거 민주주의를 실현함과 동시에 정권을 획득할 계획이었다는 것이다. 팔랑쁘라차랏당 또한 여러 인터뷰를 통해 프어타이당과의 연립을 암시하기도 했다. 그러나 까우끌라이당이 승리하는 예상치 못한 변수가 발생했다. 프어타이당은 이번 선거에서 창당 후 처음으로 제1당의 자리를 내어주는 충격의 패배를 당했다. 탁씬파와 반탁씬파(軍部)의 대화합이 프어타이당이 제1당이 되지 못한 상태에서 이루어지게 되면서, 결과적으로 프어타이당이 선거 결과를 인정하지 않는 형태로 귀결되고야 말았다(靑木, 2023: 3-4).

　8월 22일 패텅탄은 실망한 국민들에게 사과의 뜻을 전하며, 친군부 정당과 연합하지 않겠다는 공약을 바꿀 수밖에 없었던 이유는 프어타이당이 압승(랜드슬라이드)에 성공하지 못했기 때문이며, 이에 따라서 정치 공백의 장기화가 계속되는 상황을 타파하고자 국가를 위해 내린 선택이었다고 강조했다(Nation Online 23/08/20). 패텅탄은 2023년 10월 27일 프어타이당의 새로운 당 대표로 선출되었다(Workpoint Today 23/10/27). 9월에 발족한 쎗타 새 정권은 쎗타 총리가 재무부 장관을 겸직하고, 6명의 부총리(프어타이당 3명, 품짜이타이당 1명, 팔랑쁘라차랏당 1명, 루엄타이쌍찻당 1명)를 임명했다. 총리, 재무부 장관, 국방부 장관 등 요직은 프어타이당이 차지했지만, 내각에는 전 쁘라윳 정부 출신의 정치인도 다수 포함되어 있어, 향후 정책 수립 및 추진에 있어 한계가 있을 수밖에 없다. 쎗타 총리는 16세 이상 모든 국민(대상 약 5,600만 명)에게 인당 1만 바트 상당의 디지털 화폐(Digital Wallet)를 지급하겠다던 공약을 서둘러 수행하고, 방콕의 전철 전 노선 20바트 정책을 추진하겠다고 밝히며 돌아선 민심 잡기에 주력하고 있다.

V. 나가는 말: 타이식 민주주의에서 민주주의로 향한 여정

태국은 헌법에도 명시되어 있는 바와 같이 '국왕을 원수로 하는 민주주의 체제' 국가이다. 2023년 하원의원 선거 결과는 민의가 군부가 아닌 민주화를 향하고 있음을 재확인시켰다. '타이식 민주주의'라는 말이 있다. 선거 결과를 부정하는 군부의 쿠데타와 국왕의 승인이 정치적 안정을 가져온다는 태국 스타일의 민주주의를 의미한다. 즉 선거로 선출된 권력이 아닌 국왕의 신뢰를 받은 선출되지 않은 권력에 의해 통치되는 방식으로서 본래의 민주주의와는 모순되는 체제라고 할 수 있다(김홍구·이미지, 2021: 83-84). 지금까지 태국의 현대 정치는 타이식 민주주의라는 명분 아래 군부의 정치 개입이 정당화되어 왔다[15]. 실제로도 태국 내에서는 군부의 통치 하에 정치적 갈등이 진정됨을 어느 정도 인정하는 사

---

15) 태국에서는 1932년 입헌혁명 후 절대군주제에서 입헌군주제로 전환했지만 여전히 왕실은 군부와 밀접하게 결탁하여 정치에 관여하고 있다. 1932년 6월 절대왕정을 붕괴한 입헌혁명을 포함하여 현재까지 총 19번의 쿠데타가 발생했으며, 그중 13번의 쿠데타가 성공했다. 이처럼 태국에서 쿠데타는 정권을 획득하고 교대하는 수단으로 활용되고 있다(김홍구·이미지, 2021: 89-90).

회적 분위기가 있다. 그러나 민의는 이번 선거를 통해 군부 및 국왕의 개입을 거부하며, 정치적 안정보다 민주주의를 향한 정치적 불안정을 선택했다. 민주주의의 가장 기본적인 원칙은 정치적 갈등이 발생했을 경우 민주적 방법을 통해 해결하는 것이다. 그 민주적 방법이 바로 선거이다. 그러나 민주주의의 가장 근본인 선거 결과를 부정하는 행위를 과연 민주주의라고 부를 수 있을까?

현행의 2017년 헌법은 군부가 작성했으며 태국에서는 20번째 헌법이 된다. 지금 돌이켜보면 태국 정치 역사상 가장 민주적인 헌법은 1997년 헌법이다. 그 헌법으로 2001년에 탄생한 총리가 바로 탁씬이었다. 탁씬은 4년 임기를 마치고 2005년 총선에서 하원 4분의 3을 휩쓸며 총리직을 연임했다. 이에 위협을 느낀 왕당파와 기득권층은 2006년 군부 쿠데타를 일으켰으며, 국왕이 이를 승인했다. 군부는 그 후 본인들에게 유리하게 작성한 2007년 헌법 아래 2007년과 2011년 총선을 치렀지만, 두 번 모두 집권에 실패했으며, 이에 2014년 또 한 번의 쿠데타가 촉발된 것이다(김홍구·이미지, 2021: 92). 지금까지 탁씬파는 선거 민주주의를 호소하며 그것을 부정하는 반탁씬파 및 군부와 계속해서 대립해왔다. 군부에게 축출되어 해외로 도피했던 탁씬의 17년 만의 귀국이 국왕과 군부 세력과의 결탁과 함께, 선거 결과를 부정하는 형태로 이루어졌다는 사실이 안타까운 이유이다. 탁씬은 국왕의 사면으로 기존의 징역 8년에서 1년으로 감형받았다. 귀국 당일 밤 건강상의 이유로 경찰병원에 입원했으며, 2024년 2월에 가석방되었다. 결국은 피타와 같이 국민적 지지를 받는, 마치 과거의 탁씬과 같은 새로운 정치 엘리트의 등장이 기존의 군부와 왕실뿐 아니라, 탁씬파에게도 큰 위협으로 작용한 것이다.

태국의 정치적 상황은 2019년 이후 새로운 국면을 맞이하고 있다. 기존의 탁씬파와 반탁씬파의 대립에서 선거 민주주의를 저해하는 군부의 쿠데타, 그리고 그것을 승인하는 국왕의 정치 개입이라는 태국 정치의 구조적 문제 자체를 개혁하고자 하는 움직임으로 확대되었다. 프어타이당은 선거 민주주의를 강조하며 군부를 비롯한 반탁씬파와 대립해왔지만, 왕실 개혁만큼은 매우 신중함을 유지했다. 이는 태국의 젊은 세대를 중심으로 아나콧마이당, 지금의 까우끌라이당이라는 새로운 민주파 정당을 지지하게 했다. 과거의 탁씬파와 반탁씬파의 대립은 이번 정부 구성 과정에서 보여준 화합을 통해 일단락되었지만, 그 화합을 위해 프어타이당이 제1당인 까우끌라이당을 배제함으로써 결과적으로 선거 결과를 부정하는 형태가 되어버렸다. 이를 계기로 이제 태국 정치는 탁씬파를 포함한 형태의 보수파와 개혁파의 대립이라는 새로운 형태의 갈등이 시작되고 있다.

　새 정부가 출범했지만, 향후 프어타이당이 얼마만큼 집권 여당으로서 정책을 실행할 수 있을지는 의문이다. 군부세력과의 연합을 통해 군부 쿠데타에 대한 리스크는 줄었지만, 동시에 친군부 여당의 영향력이 지속된 형태의 연립정부 출범으로 헌법 제정 및 의회민주주의, 군대 개혁 등의 프어타이당의 공약을 추진하는 데에도 난항이 예상된다. 선거 민주주의를 촉구하는 반정부 운동의 발생 가능성도 여전히 남아있다.

　앞서 살펴본 바와 같이 현재 피타가 직면한 현실이 쉽지만은 않은 상황이다. 여기에 더해 도시와 지방간 격차, 경제적 양극화, 부정부패 등 정치 갈등의 근본적인 불안요소가 여전히 해소되지 않았기에, 새 정부 발족 후도 정치적 혼란의 장기화가 불가피하다. 그럼에도 불구하고 희망은 있다. 국민적 지지를 받는 새로운 정치인의 등장은 많은 가능성을 내포한다. 2000년대에 들어와 반복되고 있는 태국의 정치적 갈등은 기득권층 대 상대적으로 소외당하던 도시 빈민, 농민의 대립이었다. 이 기득권층에는 방콕 및 도시 중상류 계층이 포함되어 있었다. 지금의 정치적 갈등은 기득권층이 선거에서 이기거나, 또는 선거 결과를 인정할 때에 비로소 끝이 난다. 그런 의미에서 볼 때 변화와 개혁을 지향하는 중상류 계층의 등장과 도시 중산층 청년들의 적극적인 정치 참여는 매우 긍정적인 신호이다. 이번 선거는 국민에게 확실하게 각인되었다. 선거라는 민주적 방법을 통해 선택한 인물이 총리가 되지 못하고 투표가 무효가 되어 돌아왔을 때, 유권자 5,200만 명의 표가 250명의 표 아래에 있음을 다시 한번 통감했을 때의 그 절망을 기억할 것이다. 이는 내일의 태국 정치를 바꾸는 힘으로 작용할 것이다. 태국은 이미 변화를 맞이할 준비가 되어있다

참고문헌

김홍구·이미지. "태국 2019: 표면적 민간정부로의 복귀와 정치, 경제, 대외관계."『한국태국학회논총』제27권 1호. 2020년. 75-111쪽.
김홍구·이미지. "태국 2020: 의심받는 '타이식 민주주의'와 정치과정의 변화."『동남아시아연구』제31권 1호. 2021년. 81-112쪽.
이미지. "태국 2021: 코로나19 위기 속 출구 없는 정치대립과 사회구조적 난제."『동남아시아연구』제32권 1호. 2022년. 125-153쪽.
이미지. "2023 태국 총선: 탁씬파 주도 연립정권의 탄생과 군부와의 연합."『한국태국학회논총』제30권 2호. 2024년. 69-94쪽.

Bangkok Post. 2021년 10월 28일.
  https://www.bangkokpost.com/thailand/politics/2205667 (검색일: 2023.04.25.)
BBC News Thai. 2024년 1월 24일.
  https://www.bbc.com/thai/articles/c72g6d7yer4o (검색일: 2023.02.01.)
Nation Online』. 2023년 8월 20일.
  https://www.nationtv.tv/politic/378927497 (검색일: 2023.09.09.)
Matichon online. 2023년 4월 2일.
  https://www.matichon.co.th/politics/news_3905453 (검색일: 2023.05.01.)
Thai PBS. 2023년 6월 6일.
  https://www.thaipbs.or.th/news/content/328532 (검색일: 2023.07.08.)
Thai PBS. 2023년 7월 7일.
  https://www.thaipbs.or.th/news/content/329436 (검색일: 2023.07.08.)

Thai PBS WORLD. 2023년 3월 27일.
    https://www.thaipbsworld.com/pheu-thai-party-picks-its-three-candidates-for-pm(검색일: 2023.05.01.)
Thai PBS WORLD. 2023년 6월 5일.
    https://www.thaipbsworld.com/is-pita-a-real-influencer/ (검색일: 2023.06.25.)
Thairath. 2023년 9월 15일.
    https://www.thairath.co.th/news/politic/2725486 (검색일: 2024.01.07.)
Thairath 2024년 2월 1일.
    https://www.thairath.co.th/news/politic/2759714 (검색일: 2024.02.02.)
The Momentum. 2023년 7월 19일.
    https://themomentum.co/report-pita-thailand-changed/ (검색일: 2023.07.21.)
Workpoint Today. 2023년 7월 13일.
    https://workpointtoday.com/vote-pm-66/ (검색일: 2023.07.21.)
Workpoint Today. 2023년 10월 27일.
    https://workpointtoday.com/story-ingshin/ (검색일: 2024.01.07.)

青木(岡部)まき. "タクシン派連立政権の成立はタイ政治に安定をもたらすのか?"『IDEスクエア』. 2023년. IDE-JETRO.
    https://www.ide.go.jp/Japanese/IDEsquare/Eyes/2023/ISQ202320_030.html(검색일: 2024.01.07.)
青木(岡部)まき. "動き出すタイ政治—次期下院選挙の対立軸を考える."
    『IDEスクエア』. 2022년. IDE-JETRO.

https://www.ide.go.jp/Japanese/IDEsquare/Eyes/2022/ISQ202220_027.html?media=pc (검색일: 2024.02.02.)

저자 약력

이 미 지 (李美智, Lee Miji)

소　　속 | 부산외국어대학교 태국어전공

학　　력 | 일본 교토대학(Kyoto University) 동남아 지역연구(Area Studies) 박사

주요 저서 | 『세계 속의 한류』(공저, 2022), 『한국의 동남아시아 연구: 역사, 현황 및 분석』(공저, 2019), 『맛으로 느끼는 동남아: 태국의 음식문화』(2019), 『동남아 문화 돋보기』(공저, 2019), 『총체적 단위로서의 동남아시아의 인식과 구성』(공저, 2019), 『위대한 지도자를 통한 아세안의 이해』(공저, 2017), 『동남아시아 문화 깊게 보기: 세계문화유산을 중심으로』(공저, 2017) 등

6장

키르기스스탄-타지키스탄 국경 분쟁과 권력 엘리트의 내부 정치

이지은 (한국외국어대학교)

2021, 2022년 최고조에 이른 키르기스스탄-타지키스탄 국경 분쟁은 소연방이 설정한 민족과 영토가 불일치한 국경선과 건조기후 대인 중앙아시아의 부족한 수자원 배분을 둘러싼 갈등이 주요 원인이다. 이번 국경충돌로 사상자가 수백에 달했다. 또한, 국경 문제는 양국의 내부 정치와도 밀접한 관련이 있다. 일반적으로 국경 분쟁은 국가 사이의 갈등이지만 내부적으로는 정권의 명운이 달린 민감한 문제이기도 하다. 국경 분쟁에서 패배하거나 잘못 양보할 경우 내부 반발로 정권 유지 자체가 위험해질 수 있기 때문이다. 양국 권력 엘리트들 역시 극렬한 국경 분쟁을 정권의 권력 기반 강화에 활용해왔다. 양국은 2023년 10월 정상회담에서 국경 분쟁 해결을 위한 핵심 의정서에 서명했다. 구체적 내용은 밝히지 않았지만, 일단은 상호협력과 국내 정치적 리스크를 완화하기 위해 잠정적으로 합의한 것으로 볼 수 있다.

I. 들어가는 말

지난 10월 키르기스스탄-타지키스탄 국가안보위원회 위원장은 국경 문제 해결을 위한 핵심 의정서에 서명했다. 양국이 지난 30여 년 시간 동안 수많은 인명피해를 보면서 갈등해 온 국경 획정과 관련한 가장 의미 있는 합의라는 평가다. 이 합의가 있기까지 가장 최근 분쟁인 2021, 2022년에는 수백 명의 사상자가 발생했고, 그 이전에도 크고 작은 충돌로 인해 키르기스, 타직 민족들은 목숨을 잃거나 터전을 떠나야 했다. 분쟁의 원인은 어디에 있을까? 이 글은 키르기스스탄-타지키스탄 국경 분쟁의 배경과 원인, 사태 흐름, 이번 국경 문제가 정치 엘리트 집권 정당성에 어떻게 연관되어 있는지 등에 주목하고자 한다.

II. 중앙아시아 국경 분쟁의 핵심 지역: 페르가나 계곡(Fergana Valley)

소련 해체 이후 중앙아시아 국가들은 서로 간 수백 킬로미터에 달하는 국경 분쟁을 겪어 왔으며, 일부 지역은 여전히 진행형이다. 이 글에서 국경 분쟁이란 미확정 국경 인근이나 국외 영토(exclaves) 등에서 발생한 충돌을 말한다.[1] 중앙아시아에서 발생한 국경 분쟁은 특히 페르가나 지역에서 가장 많이 발생했는데, 이곳은 우즈베키스탄, 키르기스스

---

1) 역외 영토, 경외지 등으로도 불린다.

탄, 타지키스탄의 국경이 복잡하게 뒤엉켜 있고 민족 구성 역시 다양하며 인구밀도 또한 높다.2)

분쟁의 기원은 소연방 시기로 거슬러 올라가기 때문에 중앙아시아 5개국으로 분리, 독립된 현재 시점에서 해결 방안을 찾기가 쉽지 않다. 게다가 철도, 도로 등의 운송 경로와 부족한 수자원에 대한 접근이라는 문제가 더해지면서 개별 국가의 이해관계가 더욱 첨예하게 대립하고 있다. 2021년, 2022년 키르기스스탄-타지키스탄 국경선 일대에서 발생한 무혈 충돌은 상기 요인들이 복합적으로 작용하여 수백 명의 사상자를 초래한 비극적 사건이다.

[그림 1] 키르기스스탄-타지키스탄 발생한 국경 분쟁(2021, 2022)

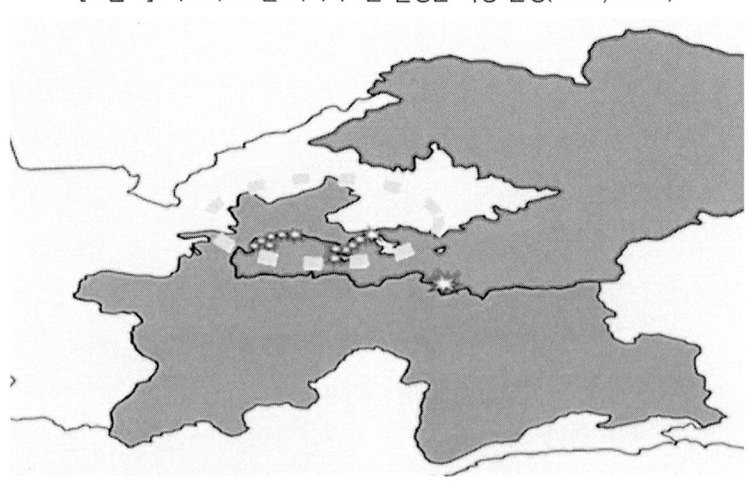

붉은 점이 2021년, 2022년 키르기스스탄-타지키스탄 국경 일대에서 발생한 충돌 지점. 노란 점선 지역이 바트켄(Batken)에 해당한다.
출처: 위키피디아의 지도를 바탕으로 저자 재구성

---

2) 페르가나 계곡에는 우즈베키스탄의 페르가나, 나만간, 안디잔, 타지키스탄의 후잔트, 키르기스스탄의 오쉬, 잘랄라바드 및 바트켄 등 인구밀도가 높은 중앙아시아 대표 도시가 모두 포함되어 있다.

2021, 2022년 무력 충돌이 집중된 곳은 양국이 복잡하게 얽혀있는 바트켄(Batken) 지역으로, 페르가나 계곡 입구에 위치한 주요 관문 도시이다. 키르기스스탄 7개 지역 중 남서쪽에 위치하여 우즈베키스탄과는 북동쪽 국경을, 타지키스탄과 남서 및 북쪽 국경을 마주하고 있다. 한마디로 바트켄은 우즈베키스탄, 키르기스스탄, 타지키스탄에 둘러싸여 있는 요충지다. 게다가 예전부터 이곳은 천연 지하자원과 수자원, 천혜의 자연환경, 사방으로 연결되는 교통망 등으로 인해 거주 인구 규모도 약 50만 정도이다.

III. 소비에트 시기 인위적으로 획정된 국경이 갈등의 원인

알려진 대로 중앙아시아와 내외부 국경은 소비에트 시기 대부분 획정된 것으로 지역 내 민족과 국경이 일치하지 않는 점이 가장 큰 문제점으로 지적된다. 소연방 시절 공화국들은 국경 인근의 영토를 편의에 따라 임대, 임차하기도 했고,[3] 유목 집단이 자유롭게 국경을 넘나들며 방목 활동할 만큼 자유로웠다. 이유는 소연방이라는 같은 나라에 속해 있었고 모스크바 중앙정부의 결정에 따라 수자원과 목초지에 대한 공동의 권한이 배분, 조율되었기 때문이다.

문제는 소연방 해체 이후 중앙아시아 각국이 독자적인 영토 주권을 행사하게 되자 불명확했던 국경선이 분쟁의 원인으로 부각된 것이다.

---

[3] 방일권. "동아시아와 중앙아시아 영토분쟁," 이머릭스EMERiCs 전문가오피니언 (2012.08.23).

관련 국가마다 서로 상충하는 소련 시기 지도를 제시하면서 자국에 유리한 국경선 획정을 요구하고 있는 상태이다. 또한, 만성적으로 물이 부족한 중앙아시아에서 여러 국경선을 가로지르는 국제하천과 크고 작은 저수지로의 공유 수로 및 인프라에 대한 합의된 거버넌스가 없어 문제를 더욱 복잡하게 만들고 있다.

키르기스스탄과 타지키스탄은 975km의 국경을 공유하고 있으며 양국 간 국경 논의는 2002년 처음 시작됐다. 그러나 국경선의 약 3분의 1이 여전히 획정되지 않아 인근 지역에서는 반복적으로 갈등이 발생하고 있다. 집계에 따르면 지난 12년 동안 150건 이상의 충돌이 발생했다.4) 국경 분쟁이 발생할 때마다 당사국들은 국경을 폐쇄하거나 통관을 더디게 하는 보복성 대응으로 상황을 더욱 악화시켰다.

Ⅳ. 2021년 4월, 그리고 2022년 9월 대규모 무력 충돌

부족한 물과 목초지, 불명확한 국경, 낙후된 경제 상황과 타민족에 대한 배타적 감정까지 더해지면서 해마다 국경충돌 강도는 더욱 심해져 갔다. 2021년 4월 시작된 바트켄 분쟁은 이스파라 강(Isfara River)에서 발원한 골로브노이(Golovnoy) 취수장에 대한 사용권을 둘러싸고 양측 주민

---

4) "Nadyrbek Abazbekov, "Kyrgyz-Tajik border disputes: reasons and ways of solution," CABAR (March 18, 2021) /
https://cabar.asia/en/kyrgyz-tajik-border-disputes-reasons-and-ways-of-solution.(검색일: 2023.09.28).

들의 싸움이 벌어지면서 시작됐다. 바트켄 지역은 그동안도 키르기스, 타직 주민들 간의 충돌이 잦은 대표적인 갈등 지역이었다. 그런데 이번에는 중화기, 로켓, 박격포로 무장한 타직 군부대가 국경선 인근에 즉각 배치되면서 키르기스스탄과의 교전으로 이어졌다. 이번 사태로 46명이 사망하고 지역 주민 30,000명 이상이 대피했다.[5)]

 2022년 초 양국 정상이 제3자 개입 없는 국경 협상 재개를 선언했지만 크고 작은 충돌은 산발적으로 지속됐다. 그러다 2022년 9월 키르기스스탄 내 타지키스탄 국외 영토인 보루흐(Vorukh)에서 다시 대규모 교전이 발생했다. 충돌 수위가 한층 강해져서 양국은 전차(탱크)와 장갑차를 동원하였으며, 바트켄 공항에서도 포격이 이루어졌다. 2022년 9월 교전은 전년보다 더욱 격렬하게 확대되어 총 62명의 사망자가 발생했으며, 주민 14만 명이 대피했다. 9월 20일 양측은 휴전을 선언했고, 약 한 달 후인 2022년 10월 22일 국경 일대가 안정적이라는 평가가 담긴 공동 성명을 발표했다.[6)]

V. 국경 분쟁과 키르기스, 타직 권력 엘리트의 내부 정치

 한편, 타지키스탄이 국민의 시선을 외부로 돌리기 위해 국경 긴장을

---

5) Kyrgyzstan-Tajikistan: Images of destruction after border clashes (2021.05.02.) / https://www.bbc.com/news/world-asia-56963998?piano-modal (검색일: 2023.09.16).
6) 키르기스스탄 내각, 키르기스스탄-타지키스탄 국경 회담 발표, 러시아·유라시아 일반 이머릭스 EMERiCs, Nov. 30. 2022 (검색일: 2023.10.05.).

촉발했다는 분석도 있다.7) 2022년 여름 타지키스탄 고르노-바다흐샨 자치주(GBAO, Gorno-Badakhshan Autonomous Region)에서는 대규모 반정부 시위가 발생했다.8) 당시 타직 정부는 시위를 극단주의 테러리스트들의 소행으로 규정하고 강경 진압했는데, 공교롭게도 타지키스탄 현 대통령의 아들인 루스탐 에모말리(Rustam Emomali)가 국회의장으로 선정된 시기와 맞물린다. 타지키스탄은 오랫동안 부자간의 권력 승계를 준비해 왔는데,9) 반정부 시위라는 돌발 변수가 발생하자 내부의 관심을 키르기스스탄과의 국경 문제로 돌렸다는 것이다.

키르기스스탄 역시 상황이 녹록하지 않다. 2021년 자파로프 대통령은 취임 이후 자신의 권력을 강화하기 위해 내각제에서 강력한 대통령제로의 복귀를 선언했다. 점차 언론에 대한 검열이 강화되고 표현의 자유가 제한되었으며 시민사회에 대한 강력한 통제가 이어졌다. 다수 전문가는 키르기스스탄이 다시 권위주의로 회귀하고 있다고 우려한다. 실제로 자파로프 집권 이후 프리덤 하우스(Freedom House 2023)가 집계한 키르기스스탄 민주주의 수치는 2020년 1.96에서 2023년 1.68(7점 만점)로 하락, 공고화된 권위주의(Consolidated authoritarian) 국가로 평가됐다.10) 경제 수준

---

7) "More than a 'Border Skirmish' Between Kyrgyzstan and Tajikistan," The Diplomat (2022.09.19.) /
https://thediplomat.com/2022/09/more-than-a-border-skirmish-between-kyrgyzstan-and-tajikistan/ (검색일: 2023.10.13).
8) 고르노-바다흐샨 자치주는 빈곤한 타지키스탄에서도 가장 낙후된 곳으로 파미르 산악 민족이 거주한다. 주류 민족인 타직인과는 다르다는 이유로 공공연한 차별을 받고 있다.
9) 타키지스탄은 최소 10여 년 전부터 현 대통령인 에모말리 라흐몬에서 첫째 아들인 루스탐 에모말리(1987년생)로의 권력 승계를 준비하고 있다. 이런저런 대내외 문제로 인해 (아프가니스탄 탈레반 정권 수립-2021, 러-우크라이나 전쟁-2022, 카자흐스탄 반정부 시위-2022 등) 안전한 권력 승계의 시기를 늦추고 있다. 그러는 사이 현 대통령의 건강에 대한 좋지 않은 소문은 무성한 상태다.
10) "Kyrgyzstan in Transit," FreedomHouse /
https://freedomhouse.org/country/kyrgyzstan/nations-transit/2023 (검색일: 2023.10.23).

도 심각하여 키르기스스탄의 경우 2021년 기준 빈곤선 이하 인구 비율도 4명 중 1명 꼴로 매우 높다.[11] 이러한 양국의 국내 정치적 상황은 국경 문제를 정권 안보에 활용할 필요성을 증대시켰다.

양국 모두 내부적으로 불만과 불안이 쌓여가고 있는 와중에 많은 인명피해를 초래한 교전이 발생하자, 서로가 공격을 시작했다며 사태의 책임을 상대에게 전가했다. 수십 차례 실무자급 회의가 이어지고 교전 중단에 대한 공동 성명이 나왔지만, 근본적인 문제 해결에 대한 전진은 찾아보기 어려웠다. 과연 이 문제가 해결될 수 있을지에 대한 의구심이 들 무렵 2023년 10월 양측이 핵심 사안에 대한 합의를 도출했다는 보도가 나온 것이다.

어느 국가에서든 국경 문제는 정권의 명운이 걸릴 수도 있는 사안이다. 섣불리 건드렸다가는 권위주의 정부의 앞날에 치명적인 결과를 불러올 수 있기 때문이다. 이런 이유 때문인지 그동안 양국 정상은 국경 획정에 적극적이지 않았다. 하지만 2021년, 2022년 발생한 대규모 교전과 불안한 국경 상황을 방치하다가는 정권 안정에 잠재적 리스크가 될 수도 있다는 판단에서 잠정적인 합의에 이른 것으로 볼 수 있다. 양국 대통령이 국내외적으로 국경 문제 해결에 대한 강한 압박을 받아온 것도 이번 합의에 영향을 주었을 것이다.

---

11) "Cabinet comments on meeting of delegations of Kyrgyzstan and Tajikistan," 24.KG (2023.10.03.) / https://24.kg/english/276432__Cabinet_comments_on_meeting_of_delegations_of_Kyrgyzstan_and_Tajikistan/ (검색일: 2023.10.13).

VI. 잠정적 합의에 동의한 양국 대통령

   2023년 9월 14일 키르기스스탄-타지키스탄 정상회담, 그리고 19일 UN 총회에 참석한 양국 대통령 간 국경 지역 긴장 완화를 위한 정상회담이 전격 개최되었다. 동시에 국경 획정에 대한 논의도 진행한 것으로 알려졌지만, 구체적으로 어떤 내용이 다뤄졌는지는 공개되지 않았다. 중요한 점은 드디어 양국 정상이 국경 문제 해결에 적극적인 자세를 보였다는 것이다. 이는 국경 합의를 불리하게 하는 것도 문제이지만 방치하는 것도 정권에 위협이 될 수 있기 때문이다. 양국 정상 모두 자국민에게 일종의 진전을 보여줘야 한다고 판단한 결과로 풀이된다.

   한 달여 후 10월 2일 바트켄에서 키르기스-타직 간 정기 국경 구획에 관한 회담 결과가 발표됐다. 키르기스 내각에 따르면, 이번 정기 회담에는 양측 국가안보위원회 위원장이 참석, 국경 문제에 있어 중요한 부분에 대한 합의가 이루어진 것으로 알려졌다.[12] 양측은 미획정 국경에 대한 구획 초안 필요성에 상호 공감하며, 향후 지형, 법률 전문가들이 국경 초안 작성을 위한 작업을 이어갈 계획임을 표명했다.[13] 가장 최근 소식에 의하면, 키르기스-타직 간 일부 국경(17.98km)이 획정됐고 올해 말까지 국경 문제를 매듭짓겠다는 의지를 보이는 것으로 알려졌다.[14]

---

[12] 캄치벡 타시에프(Kamchybek Tashiev) 키르기스스탄 국가안보위원회 위원장과 수이무민 야티모프(Saimumin Yatimov) 타지키스탄 국가보안위원회 위원장이 참석했다.
[13] 24.KG 2023.10.03. ibid.
[14] 이후 '11월 9일에는 키르기스스탄-타지키스탄 국경의 최소 17.98km가 합의되었다는 소식이 키르기스스탄 내각을 통해 공개됐다. "17.98 kilometers of Kyrgyz-Tajik state border agreed upon," 24.KG (2023.11.09.) / https://24.kg/english/279254_1798_kilometers_of_Kyrgyz-Tajik_state_border_agreed_upon/ (검색일: 2023.11.10).

Ⅶ. 나가는 말

최근 구소비에트 지역은 세계에서 주목하는 무력 충돌의 화약고가 되어가는 모양새다. 2022년 1월에 시작된 우크라이나-러시아 간 전쟁은 여전히 해결점을 찾지 못하고 있다. 아제르바이잔과 아르메니아 역시 나고르노-카라바흐 지역의 해묵은 갈등으로 또다시 충돌했다. 그동안 상대적으로 안정적이라 평가받았던 중앙아시아 지역도 국경과 민족 간 갈등이 촉발되면서 그야말로 구소비에트 지역 곳곳이 불안에 휩싸이고 있다.

본 글에서 살펴본 키르기스스탄-타지키스탄 국경 문제는 오래된 중앙아시아의 안보 위협 요소이다. 2021~2022년에 재발한 키르기스스탄-타지키스탄의 대규모 무력 충돌은 일부 미획정 국경과 수자원 및 목초지와 같은 공유자원에 대한 접근권을 둘러싼 분쟁이 발단이었다. 다행스럽게도 최근 양측 대통령 간 정상회담이 성사된 후 국경선 문제의 핵심적인 부분이 합의에 이르렀다는 소식이 전해지고 있다. 국내 정치적으로 사태를 진정시킬 필요성이 커졌기 때문이다. 앞으로 양국 정상 모두 서로 손해를 보지 않은 선에서 합의안을 만들어 낼 수 있느냐가 국경 문제 해결의 관건이 될 것이다.

일반적으로 국경 분쟁은 국가 사이의 갈등이지만 내부적으로는 정권의 명운이 달린 민감한 문제이기도 하다. 국경 갈등에서 패배하거나 잘못 양보할 경우 내부 반발로 정권 유지 자체가 위험해질 수 있기 때문이다. 키르기스스탄, 타지키스탄 권력 엘리트들 역시 극렬한 국경 분쟁을 정권의 권력 기반 강화에 활용해 왔다. 이러한 이유로 양측 모두 쉽게 타협하거나 물러날 수 없는 국경 문제에 대해 합의안을 도출해 내기란 어려웠을 것이다.

현재 키르기스스탄은 권위주의 국가로 회귀하면서 대통령 권력을 더욱 강화 중이다. 타지키스탄 역시 권력의 부자(父子) 상속을 준비 중이다. 이러한 상황에서 국경 문제를 승리로 이끌지 못하면 정권의 안정은 위협받을 수 있다. 따라서 양국 정치권은 국경 문제가 국내 정치안정에 돌발 변수가 되지 않도록 극도로 예민하게 대응할 수밖에 없다. 향후 양국의 국경 문제는 국내 정치의 권력 강화와 권력 승계라는 중대사에 영향을 주지 않는 선에서 해결점을 모색할 수밖에 없을 것이다. 즉 양쪽 모두 명분과 이익을 얻는 선에서 합의점을 찾아야 한다. 그러나 국경 문제가 가진 특성을 볼 때, 모두를 만족시키는 합의점을 찾기란 결코 쉬운 일이 아니다. 따라서 당분간 양국은 정권의 집권 정당성에 위협이 되지 않는 선에서 국경 문제를 봉합하려 할 가능성이 높아 보인다. 최근 국경 문제의 합의를 서두르는 것도 이러한 조치의 일환으로 보인다.

참고문헌

방일권. "동아시아와 중앙아시아 영토분쟁." 이머릭스EMERiCs 전문가 오피니언 (2012.08.23).
유라시아 국가들 국경 구획 및 평화 협상에 난항. 러시아·유라시아 일반 이머릭스 EMERiCs (2022.11.30).
키르기스스탄 내각, 키르기스스탄-타지키스탄 국경 회담 발표, 러시아·유라시아 일반 이머릭스 EMERiCs (2023.10.05).

"Nadyrbek Abazbekov, "Kyrgyz-Tajik border disputes: reasons and ways of solution." CABAR (March 18, 2021) / https://cabar.asia/en/kyrgyz-tajik-border-disputes-reasons-and-ways-of-solution.(검색일: 2023.09.28).
"Conflicts over water and water infrastructure at the Tajik-Kyrgyz border A looming threat for Central Asia," Water, Peace and Security / https://waterpeacesecurity.org/files/68 (검색일: 2023.10.10).
"33,388 Kyrgyzstanis evacuated from conflict zone in Batken." Trend News Agency (May 2, 2021) / https://en.trend.az/casia/kyrgyzstan/3418071.html (검색일: 2023.10.10).
"More than a 'Border Skirmish' Between Kyrgyzstan and Tajikistan." The Diplomat (2022.09.19) / https://thediplomat.com/2022/09/more-than-a-border-skirmish-between-kyrgyzstan-and-tajikistan/ (검색일: 2023.10.13).

"Kyrgyzstan in Transit." FreedomHouse / https://freedomhouse.org/country/kyrgyzstan/nations-transit/2023 (검색일: 2023.10.23).

"Cabinet comments on meeting of delegations of Kyrgyzstan and Tajikistan." 24.KG (2023-10-03) / https://24.kg/english/276432__Cabinet_comments_on_meeting_of_delegations_of_Kyrgyzstan_and_Tajikistan/ (검색일: 2023.10.13).

"Kyrgyzstan and Tajikistan plan to resolve border issues before new year." 24.KG (2023.11.03) / https://24.kg/english/279057_Kyrgyzstan_and_Tajikistan_plan_to_resolve_border_issues_before_new_year/ (검색일: 2023.11.10).

"17.98 kilometers of Kyrgyz-Tajik state border agreed upon." 24.KG (2023-11-09) / https://24.kg/english/279254_1798_kilometers_of_Kyrgyz-Tajik_state_border_agreed_upon/ (검색일: 2023.11.10).

Нищета растет. Каждая четвертая семья в Кыргызстане живет за чертой бедности. 24.kg (2021.11.30) / https://24.kg/obschestvo/215443_nischeta_rastet_kajdaya_chetvertaya_semya_vkyirgyizstane_jivet_zachertoy_bednosti/ (검색일: 2023.11.10).

Mysterious Border Protocol Signed Between Kyrgyz and Tajik Security Chiefs (2023.10.04.) / https://thediplomat.com/2023/10/mysterious-border-protocol-sign

ed-between-kyrgyz-and-tajik-security-chiefs/ (검색일: 2023.11.10).

Tajik, Kyrgyz presidents meet in New York to tamp down border tensions Asia-Plus (https://asiaplustj.info/en/news/tajikistan/incidents/20230921/tajik-kyrgyz-presidents-meet-in-new-york-to-tamp-down-border-tensionshttps://asiaplustj.info/en/news/tajikistan/incidents/20230921/tajik-kyrgyz-presidents-meet-in-new-york-to-tamp-down-border-tensions). (검색일: 2023.11.10).

저자 약력

이 지 은 (李智恩, Lee Jieon)

소　　속 ｜ 한국외국어대학교 중앙아시아학과
학　　력 ｜ 우즈베키스탄 타슈켄트국립동방학대학(Tashkent State University of Oriental Studies) 정치학 박사(2010)
주요 논저 ｜ 『변화하는 중앙아시아 사회문화』(2022) 및 「우즈베키스탄 새로운 리더십과 변화, 그리고 권위주의 향방」(2019), 「리더십 교체 이후 카자흐스탄 대외정책- 토카예프 정부의 '대외정책개념 2020-2030'을 중심으로」(2021), 「한국의 중견국 외교 연구: 북방정책과 카자흐스탄 사례를 중심으로」(2022), 「카자흐스탄의 대 EU 정책: 전방위외교와 추진동력」(2023) 등

7장

필리핀의 가문정치:
마르코스와 두테르테를 중심으로

김동엽 (부산외국어대학교)

필리핀은 민주주의의 오랜 전통과 모범을 자랑하는 국가이다. 그러나 그 이면에는 정치를 독점하고 있는 정치 가문들이 존재한다. 2022년 대선에서 대통령에 당선된 봉봉 마르코스와 부통령에 당선된 사라 두테르테는 현재 필리핀에서 가장 유력한 정치 가문을 대표한다. 이 둘은 모두 전임 대통령의 자녀로서 지난 대선에서 단일팀을 구성하여 당선되었지만, 최근 두 가문 사이의 권력투쟁이 심화하고 있다. 이러한 정치 가문의 연합과 분열은 필리핀 민주주의 체제의 특수성에서 기인한다. 대통령 당선을 위해서는 전국의 주요 정치 가문들 간의 연합이 필요하고, 선거 후에는 대통령중심제 하에서 권력 독점이라는 제도적 특성 때문에 다시금 분열로 이어지게 된다.

I. 머리말

지난 2022년 5월 필리핀 대선은 독재자 마르코스 가문의 화려한 부활을 알리는 계기가 되었다. 1986년 2월 동아시아에 민주화의 물결을 촉발한 필리핀 피플파워(People Power I)로 인해 권좌에서 쫓겨난 독재자 페르디난드 마르코스의 아들인 봉봉 마르코스(Ferdinand "Bongbong" Romualdez Marcos Jr.)가 58.7%라는 필리핀 유권자의 압도적 지지로 대통령에 당선된 것이다.[1] 그의 러닝메이트로 부통령에 출마한 사라 두테르테(Sara Zimmerman Duterte-Carpio)는 당시 필리핀 현직 대통령이던 로드리고 두테르테의 장녀로서 61.5%의 표를 얻어 대통령보다 높은 득표율로 부통령에 당선되었다. 그 결과 오늘날 필리핀 권력 서열 1위인 대통령과 2위인 부통령 모두 대통령을 배출한 유력 정치 가문 출신이다.

필리핀에서 정치 가문의 역사는 오래전으로 거슬러 올라간다. 16세기 스페인들이 오늘날의 필리핀 군도에 도착했을 때, 원주민들은 '다투'(혹은 라자)라고 불리는 지도자가 이끄는 수천 개의 '바랑가이'라는 공동체를 중심으로 생활하고 있었다. 범선을 타고 대서양과 태평양이라는 두 대양을 건너야 하는 멀고도 험한 항해를 거쳐 도달할 수 있는 필리핀에는 겨우 수백 명 정도의 스페인인들만이 상주했다. 제한된 군인 숫자로 식민지를 개척해야 했던 스페인의 전략은 현지인을 이용하는 것이었다. 스페인인들은 우호적인 공동체 지도자들과 동맹을 맺고 적대적인 공동체를 정벌하는 방식으로 필리핀 군도를 식민지화했다.

스페인인들은 식민지화된 지역에 몇 개의 바랑가이를 묶어서 '프에

---

[1] Huntington, Samuel P, *The Third Wave: Democratization in the Late Twentieth Century*, (Norman and London: University of Oklahoma Press, 1991).

블로'(Pueblo)라는 새로운 행정 단위를 만들었고, 바랑가이 지도자인 '다투'들에게 프에블로의 통치 권한을 맡겼다. 이들이 스페인 식민지 하에서 원주민들에게 세금을 징수하고 관할 지역을 통치하는 '프린시팔리아'(Principalia)라고 불리는 지방 귀족 계층이 되었다. 이들의 후손들은 역사적 과정에서 계속 진화하고, 일부는 스페인인이나 부유한 중국인과 결혼하여 필리핀의 전통적 엘리트 가문을 형성하게 되었다. 교육의 기회가 열리면서 이들의 후손들은 근대 지식인으로 성장하였고, 스페인 식민통치 말기에 계몽주의 운동과 독립운동을 주도하기도 했다.

1898년 쿠바에서 촉발된 미서전쟁(Spanish-American War)에서 미국이 승리하면서 스페인의 식민지였던 필리핀의 주권은 미국에 이양되었다. 미국은 필리핀 식민지에 근대적인 정치제도를 도입하였다. 그 과정에서 필리핀에 중앙집권적인 근대적 관료제도보다는 선거와 대의제도를 통한 지방분권적인 정치환경이 조성되었다.[2] 그러한 선출직 지방 관료들은 대부분 전통적 지방 엘리트들이 차지하게 되었고, 이들의 지배력은 더욱 강화되었다. 1946년 미국으로부터 독립한 필리핀은 1935년 미국이 만들어준 헌법을 일부 개정하여 강력한 대통령을 중심으로 한 대통령중심제 정치체제를 수립했다. 대통령은 수많은 임명권과 예산집행권, 그리고 무엇보다도 의회를 통과한 법안에 대한 전부 혹은 부분거부권을 부여하여 의회를 효과적으로 통제할 수 있게 했다. 이처럼 강력한 권한을 가진 대통령은 선거를 통해 선출되는데 주로 지방의 정치 엘리트 가문들 간의 연합을 통해 탄생한다.

오늘날 필리핀 입법부는 상원과 하원으로 구성되어 있다. 상원은 24

---

[2] Hutchcroft, Paul D, "Colonial Masters, National Politicos, and Provincial Lords: Central Authority and Local Autonomy in the American Philippines. 1900-1913," The Journal of Asian Studies, Vol. 59, No. 2, 2000, p. 302.

명으로 구성되며 전국적인 선거를 통해 선출된다. 근대적 대중매체의 발달과 도시화 등을 통해 상원의원 선출에는 유명 정치 가문 출신뿐만 아니라 대중적 인지도가 높은 유명인(celebrity)도 자주 등장한다. 하원은 300여 명으로 구성되며, 우리의 비례대표제와 유사한 정당명부제(Party-list)에 배정된 20% 의석을 제외한 나머지 의석은 지역구 선거로 선출되는데, 주로 지방의 정치 가문에서 독점하고 있다. 한 조사에 따르면, 2022년 7월에 출범한 제19대 의회 의원들 가운데 약 70%가 유력 정치 가문(political dynasty) 출신으로 나타났다.3) 이러한 가문정치를 통한 권력 독점과 지속 현상은 공직자에 대한 민주적 책임성의 부재와 새로운 정치세력의 등장을 저해하여 필리핀 민주주의에 부정적으로 작용한다.

본 글에서는 과거 대통령을 아버지로 둔 필리핀 현직 대통령과 부통령이 속한 마르코스와 두테르테 가문을 소개하고, 지난 2022년 선거에서 어떻게 두 가문이 연합하여 권력을 획득했는지를 살펴보았다. 그리고 최근 두 가문 사이에 균열이 나타나고 있는데, 그 원인은 무엇인지를 필리핀 정치체제의 제도적 특수성을 통해 이해해 보고자 한다.

II. 마르코스 가문의 부활: 몰락한 독재자에서 새로운 대통령으로

봉봉 마르코스의 아버지인 페르디난드 마르코스(Ferdinand Marcos Sr.,

---

3) Teng, Carla, "Asia's Political Dynasties: Philippines." Asia Media Center, May 24, 2023. https://www.asiamediacentre.org.nz/features/asias-political-dynasties-philippines/ (검색일: 2024.01.10.).

$^{1917-1989)}$는 1917년 9월 11일에 필리핀 루손섬 북단에 있는 북부 일로코스$^{(Ilocos\ Norte)}$에서 태어났다. 그의 아버지인 마리아노 마르코스$^{(Mariano\ Marcos,\ 1897-1945)}$는 미국 식민통치 하에서 국민당 당원으로 북부 일로코스 지역의 하원의원을 지냈다. 그의 어머니인 조세파 에드랄린$^{(Jusefa\ Edralin,\ 1893-1988)}$은 교사였으며 북부 일로코스 지역의 유력 정치 가문 딸이었다. 두 정치 가문의 결합으로 태어난 페르디난드 마르코스는 자연스럽게 정치인으로서 성장하게 되었다. 그는 명문 필리핀국립대학교$^{(UP)}$에서 법학을 전공하고, 1939년에 사법시험에 응시하여 전국 1등으로 합격했다. 그를 더욱 유명하게 만든 사건은 아버지 마리아노 마르코스의 정적이었던 날룬다산$^{(Julio\ Nalundasan)}$ 암살사건의 혐의자로 체포되었을 때, 변호사 없이 스스로를 변호하여 무죄판결을 받아낸 사건이었다.[4]

페르디난드 마르코스는 1949년 자신의 고향인 북부 일로코스 제2선거구에서 하원의원으로 당선되어 정계에 입문했다. 3년 임기인 하원의원에 3선을 한 후, 1959년에 상원의원에 출마하여 당선되었다. 그는 상원 원내대표를 역임하기도 했으며, 1963년부터 1965년까지는 상원의장을 지냈다. 1965년 그는 대선에 출마하여 48세의 젊은 나이로 제10대 필리핀 대통령이 되었다. 당시 필리핀 헌법은 미국처럼 대통령 임기를 4년 중임제로 하고 있었다. 마르코스 대통령은 첫 4년 임기를 마치고, 1969년에 재선에 성공함으로써 1946년 필리핀 독립 이후 재선에 성공한 최초의 대통령이 되었다.[5]

재선에 성공한 마르코스 대통령은 다양한 국내외적 어려움에 부딪히

---

4) Wikipedia, "Bongbong Marcos," https://en.wikipedia.org/wiki/Bongbong_Marcos (검색일: 2024.01.10.).
5) Wikipedia, "Ferdinand Marcos," https://en.wikipedia.org/wiki/Ferdinand_Marcos (검색일: 2024.01.10.).

게 되었다. 베트남 전쟁 참전 결정에 대한 내부의 반대 움직임이 심하게 일어났으며, 국가 경제는 국제금융기관(IMF)으로부터 구제금융을 지원받아야 할 정도로 어려워졌다. 이러한 어려운 상황 속에서 마르코스 대통령이 폭력적인 수단을 동원하여 반대파를 처단하기 시작하면서 독재자의 길을 선택했다. 결국 1972년 9월 23일에 계엄령을 선포하고 의회를 해산한 후 반정부 인사와 야당 의원, 언론인들에 대한 대대적인 체포와 탄압을 시작했다. 계엄령 직후 마르코스 정부는 7곳의 TV 방송국, 27개의 전국구 신문, 66개의 지역구 신문 및 292개의 라디오 방송국을 폐쇄했다.6) 이러한 폭압적 정권을 유지하기 위해 마르코스 대통령은 군부를 친위세력으로 사용했다. 이 시기에 정치화된 필리핀 군부는 오늘날까지 정치적 위기 때마다 중요한 정치적 행위자로 등장한다.

계엄령 아래서 반정부 인사는 물론 일반인들에 대한 탄압과 인권 침해가 자행되었다. 역사학자 맥코이(McCoy)는 1975년부터 1985년까지 필리핀에서 군대에 의한 초법적 살인으로 3,257명이 사망하고, 3만 5천여 명이 고문을 당했으며, 7만여 명이 투옥되었다고 추정했다.7) 반대 세력에 대한 철저한 탄압과 함께 사회 질서를 바로잡는다는 명분으로 '신사회운동'(New Society Movement)을 실시했다. [표 1]에서 볼 수 있듯이 필리핀은 1960년대까지 동남아시아 주요 국가들 가운데 가장 선진화된 경제였으며 경제성장률도 높았다. 그러나 독재정권이 본격화된 1970년대 후반부로 접어들면서 주변국보다 경제발전이 지체되는 것을 볼 수 있다.

---

6) ibid.
7) McCoy, Alfred W. "Dark Legacy: Human rights under the Marcos regime." Sep. 1999. http://www.hartford-hwp.com/archives/54a/062.html (검색일: 2024.01.05.)

[표 1] 동남아시아 주요국 평균 GDP 성장률, 1950-2000(%)

국가	1950-60	1960-70	1970-80	1980-90	1990-2000
인도네시아	4.0	3.9	7.6	6.1	4.2
말레이시아	3.6	6.5	7.8	5.3	7.0
필리핀	6.5	5.1	6.3	1.0	3.2
싱가포르	n.a.	8.8	8.5	6.6	7.8
태국	5.7	8.4	7.2	7.6	4.2

출처: Balisacan and Hill(2003, 7).

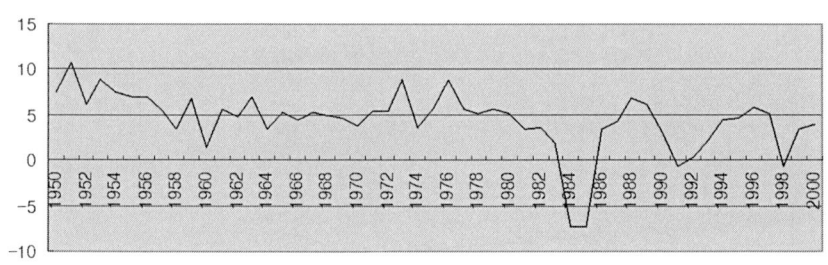

[그림 1] 필리핀 GDP 성장률, 1950-2000

자료: 필리핀통계청 자료. 김동엽(2007, 264)

　1970-80년대는 동남아시아 국가들이 고도의 경제 성장을 이룩하던 시기였으며, 필리핀은 이 시기에 '아시아의 병자'(Sickman of Asia)라는 놀림을 받을 정도로 경제 성장이 지체되었다. [그림 1]에서 볼 수 있듯이 1980년대 초 주변국들이 고도의 경제 성장을 구가할 때, 필리핀은 마이너스 경제성장률을 기록하고 있는 것을 볼 수 있다. 일찍이 근대적 교육제도가 발달했던 필리핀은 고등교육을 받은 많은 수의 인력들을 배출하고 있었으며, 주변국으로도 많은 고급 인력을 파견하는 국가였다. 그러나 1970년대 중반 이후 마르코스 독재정권은 필리핀 노동력의 해외 진출을 국가적 차원에서 적극적으로 추진하면서 그 수가 폭발적으

로 증가했고, 또한 인력의 수준도 저하되어 주로 가정부를 수출하는 국가라는 오명을 얻게 되었다.

이처럼 필리핀 경제 성장이 지체된 데에는 다양한 원인이 있다. 무엇보다도 권력 독점의 결과로 나타나는 부정과 부패, 그리고 국민의 불만 고조로 나타난 사회 혼란이 가장 큰 원인이었다. 1981년 1월 마르코스 대통령은 계엄령을 해제하고 신헌법을 통해 세 번째 임기를 시작했다. 그러나 마르코스 정부에 대한 필리핀 국민의 신뢰는 추락했고, 공산반군(NPA)이나 무슬림 반군(MNLF, MILF)과 같은 무장 투쟁도 격화되었다. 그런 와중에 마르코스 독재정권이 몰락의 길을 걷게 되는 결정적인 사건이 벌어졌다. 그것은 1983년 8월 21일 미국에 망명 중이던 야당 지도자 베그노 아키노(Benigno Aquino) 전 상원의원이 귀국 도중 마닐라 공항[8]에서 저격병에 의해 암살당한 사건이었다. 암살의 배후에 마르코스 정권이 있다는 소문과 함께 민중들의 분노가 극에 달했다. 이 사건을 계기로 모든 반 마르코스 세력, 즉 독재정권 하에서 소외되었던 전통적 엘리트 그룹, 해외 투자자, 학생 및 시민사회 단체, 그리고 무장 반군까지 결집하여 민주화 운동의 큰 물결을 이루었다.

이러한 정권의 위기 상황을 타개하기 위해 마르코스 대통령은 임시 대통령 선거(snap election)를 선포했다. 1986년 2월 7일 실시된 임시 대통령 선거에서 독재자 마르코스의 대항마로 암살당한 니노이 아키노의 부인 코라손 아키노(Corazon Aquino) 여사가 야권 단일후보로 출마했다. 공권력을 총동원한 선거가 끝나고 개표가 완료된 후 선관위원회는 마르코스 후보가 아키노 후보에게 53.62% 대 46.10%로 승리했다고 공식 발표했다. 그러나 당시 한 라디오 방송을 통해 중계하던 민간 선거 감시 기관

---

[8] '마닐라 공항'의 이름은 1987년 민주화 이후 '니노이 아키노 국제공항'(NAIA)으로 개명하여 오늘날까지 사용하고 있다.

(NAMFREL)의 개표 결과는 오히려 아키노 후보의 승리로 나타났다. 이에 따라 전국적으로 시민 불복종 운동이 일어났고, 2월 22-25일의 대대적인 거리 시위를 수습하지 못한 마르코스 대통령은 가족과 함께 하와이로 망명을 떠났다. 결국 1972년 계엄령 선포 이후 14년간의 독재정권이 종말을 고했고, 마르코스는 하와이에서 1989년 9월 28일 사망했다.

　마르코스 가족의 하와이 망명과 독재자의 쓸쓸한 죽음은 마르코스 가문의 몰락을 의미하는 듯했다. 그러나 마르코스 가문은 2022년 독재자 마르코스의 아들 봉봉 마르코스가 제17대 필리핀 대통령에 당선됨으로써 다시금 필리핀 정치의 최정상에 올라섰다. 봉봉 마르코스는 1957년 독재자 마르코스와 사치의 여왕으로 불렸던 이멜다 마르코스(Imelda Marcos)의 3남매 중 둘째이자 유일한 아들로 태어났다. 그는 8세 때에 아버지를 따라 필리핀 대통령궁에 들어갔다. 어린 시절 봉봉 마르코스는 미국항공우주국(NASA)을 방문한 후 우주 과학자가 되겠다는 꿈을 꿨고, 청소년기에는 비틀즈(Beatles)를 닮은 록스타가 되는 꿈을 꾸기도 했다. 1986년 시민봉기로 궁지에 몰린 아버지 마르코스에게 무력 진압에 대한 결단을 촉구했던 27세의 청년 봉봉 마르코스도 필리핀 역사에 기억되는 그의 모습이다. 봉봉 마르코스는 자신이 정치인이 되지 않았더라면 군인의 길을 갔을 것이라고 밝히기도 했다. 하지만 1991년 망명지인 미국에서 돌아온 후 그는 여전히 필리핀 정치의 중심에 있음을 깨닫고 운명처럼 이를 받아들였다고 했다.9)

　봉봉 마르코스가 처음 정치에 입문하게 된 것은 23세 때인 1980년에 자신의 고향 북부 일로코스주의 부지사직이었고, 3년 후에는 주지사가

---

9) Toni Gonzaga Studio, "The Greatest Lesson Bongbong Marcos Learned From His Father," Interview video, Sep. 13, 2021, https://www.youtube.com/watch?v=1EwMAiqLUhM (검색일: 2024.01.10.).

되었다. 1991년 망명지 하와이에서 돌아온 그는 1992년에 하원의원에 당선되어 정계에 복귀했다. 그 후 하원의원 6년, 주지사 6년, 그리고 상원의원 12년 등 줄곧 필리핀 정치 현장을 누볐다. 그는 선거에 패배한 두 번의 경험이 있는데, 바로 1994년 상원의원 선거와 2016년 부통령 선거였다. 2016년 부통령 선거에서 약 26만여 표라는 근소한 차이로 패배한 그는 부정선거 의혹을 제기하며 법적 다툼을 벌였지만, 결과를 바꾸지는 못했다.

Ⅲ. 두테르테 가문의 부상: 지방 호족에서 중앙정치 주인공으로

필리핀의 제16대 대통령이자 두테르테 가문을 필리핀 중앙정치에 등장시킨 로드리고 로아 두테르테(Rodrigo Roa Duterte)는 1945년 3월 28일 필리핀 중부 레이테주에서 태어났다. 그의 아버지인 빈센트 두테르테(Vicente G. Duterte, 1911~1968)는 변호사로서 일했으며, 그의 선조는 중국의 푸젠성 샤먼 출신으로 알려져 있다. 그의 어머니인 솔레다드 곤잘레스(Soledad Gonzales Roa, 1916~2012)는 교사이자 시민 활동가로 일했다. 변호사였던 아버지 두테르테는 미국 식민지 자치정부 하의 오스메냐 대통령 시기(1944-1946)에 세부의 다나오시 시장으로 활동했다. 그는 1949년에 민다나오섬 다바오로 이주하였으며, 1959년부터 1965년까지 다바오 주지사를 역임했다. 1965년 말 마르코스 대통령에 의해 총무부 장관으로 임명되기도 했으며, 1968년 2월 21일 심장마비로 사망했다.[10]

로드리고 두테르테는 어린 시절 불같은 성격으로 자주 곤경에 처한 것으로 알려져 있다. 자신을 모욕하던 학생을 총으로 쏴버린 적이 있었고, 고등학교 때는 부정행위로 인해 퇴학을 두 번이나 당하기도 했다. 학교를 옮겨 겨우 중등교육을 마친 두테르테는 1968년에는 마닐라 라시움 대학에서 정치학 학사를 취득했으며, 1972년 산 베다 법학대학에서 법학 학위를 취득한 직후 사법시험에 합격했다. 그는 1977년에 다바오시 검찰에 임용되어 1980년대 중반까지 범죄자들에게 가혹한 형벌을 가하는 검사로 이름을 떨쳤다. 그는 1986년에 다바오시의 부시장으로 임명되었고, 1988년에 시장 선거에 출마하여 당선되었다. 이후 다바오시는 두테르테 가문의 정치적 배경이 되었으며, 두테르테는 시장 3선(9년) 연임 제한 규정에 걸려 선거 출마가 불가능할 때에는 장녀인 사라 두테르테를 대신 시장 선거에 내보내고, 자신은 부시장으로 출마하기도 했다. 그는 총 22년 동안 다바오 시장을 역임했다.11)

다바오시 시장 재임 시절 로드리고 두테르테는 수많은 범죄자를 처형해 '징벌자(The Punisher)'라는 별명을 얻었다. 다바오시는 민다나오 남부에 위치하여 주변에 무슬림 반군이 활동하는 분쟁지역과 가까워 치안이 극도로 불안했던 도시였다. 그러나 그가 시장으로 취임하면서 강력한 범죄소탕 정책을 펼쳤고, 그 결과 다바오시는 국내외 각종 조사기관이 선정한 필리핀에서 가장 안전한 도시로 탈바꿈했다. 그러나 그의 다바오시 범죄소탕의 이면에는 법치주의를 뛰어넘어 인권을 짓밟은 수많은 사례를 남기기도 했다. 범죄 용의자에 대한 무차별한 사살과 심지

---

10) The Philippine Star, "President-elect Rody Duterte as dad & memories of his own father," The Philippine Star June 19, 2016.
 https://www.philstar.com/lifestyle/sunday-life/2016/06/19/1594237/president-elect-rody-duterte-dad-memories-his-own-father (검색일: 2024.01.10.).
11) Wikipedia, "Rodrigo Duterte," https://en.wikipedia.org/wiki/Rodrigo_Duterte (검색일: 2024.1.10.).

어 경찰도 아닌 자경단(Dabao Death Squad, DDS)을 동원해 범죄 용의자를 처단하는 일도 공공연히 저질렀으며, 적법한 절차를 거치지 않고 살해된 범죄 용의자가 수천 명에 달하는 것으로 알려졌다.12) 이러한 그의 행태는 인권 침해라는 많은 비판의 대상이 되기도 했지만, 과거 가장 불안한 도시였던 다바오시를 밤에도 자유롭게 거리를 다닐 수 있는 필리핀에서 가장 안전한 도시로 만들었다는 명성을 얻게 되었다.

 2016년 필리핀 대선에서 지방정치인으로 머물러 있던 로드리고 두테르테가 갑자기 대통령에 당선된 것은 놀라운 사건이었다. 당시 노이노이 아키노 정부(Ninoy Aquino III, 2010-2016)는 임기 내에 평균 6% 정도의 높은 GDP 성장률을 기록하였으며, 현직 대통령이 지지하던 여권 후보인 로하스(Mar Roxas)는 할아버지가 필리핀 독립 후 초대 대통령을 지낸 마누엘 로하스(Manuel Roxs)이며, 상원의원을 지낸 게리 로하스(Gerardo Roxas)를 아버지로 둔 필리핀 정치 명문가의 아들이었다. 이처럼 막강한 경쟁자를 물리치고 로드리고 두테르테가 대통령에 당선될 수 있었던 것은 사회경제적인 상황이 한몫했다. 비록 전임 아키노 정부 하에서 높은 GDP 성장률을 기록했음에도 불구하고 극빈층이 증가하는 등 경제 성장의 결실이 일반 민중들의 현실적인 삶에 제대로 반영되지 못했다. 더불어 아키노 정부가 민중들의 일상적인 삶과 직결되는 대도시 교통난 문제나 마약과 범죄 같은 사회악에 제대로 대처하지 못함으로써 국민의 불만이 고조되어 있었다. 이러한 상황에서 필리핀 대중들에게 두테르테와 같은 강력한 인물이 자신들의 이익을 대변해 주고, 사회를 안정시킬 적

---

12) Crace, John, "'The Punisher': Rodrigo Duterte's violent reign as Philippines president to end," The Guardian, Jun 28, 2023, https://www.theguardian.com/world/2022/jun/28/the-punisher-rodrigo-dutertes-violent-reign-as-philippines-president-to-end (검색일: 2024.01.10.).

임자로 떠오른 것이다.

대통령이 된 로드리고 두테르테는 과거 필리핀 정부의 국내정치나 국제관계와 다른 파격적인 행보를 보였다. 마약과의 전쟁을 통해 6,000여 명(비공식 3만여 명)의 초법적 살인이 벌어지고, 비판 세력에 대한 응징적 사법처리가 이루어지는 등 공포정치에 가까운 행태가 벌어졌다. 외교관계에서도 파격적인 행보를 보이면서, 전통적 우방인 미국이나 서방 세력과 등지고, 해양 영토 문제로 갈등 중이던 중국과 친밀한 관계를 유지했다. 두테르테 정부의 경제적 성과는 제대로 평가하기 힘든 면이 있다. 이는 전 세계적으로 확산되었던 코로나-19의 영향이 집권 후반기 경제활동에 직접적인 영향을 주었기 때문이다. 두테르테 대통령은 임기 말까지 높은 국민적 지지도를 누렸다. 단임제 대통령이 임기 말에 나타나는 레임덕도 두테르테 대통령은 경험하지 않았다. 그의 포퓰리즘적 수사와 권위주의적 실행은 필리핀 민주주의 제도를 침식하고 폭력을 정당화하는 위험성을 드러내기도 했다.[13]

두테르테 대통령의 맏딸인 사라 두테르테는 1978년 5월 31일 필리핀 다바오시에서 태어났다. 그녀의 외할아버지는 나치 독일에서 필리핀으로 도망친 유대인인 것으로 알려져 있다. 그녀는 부모의 이혼과 아버지의 여성 편력 등으로 아버지와 그다지 친밀한 관계는 아니었다. 그러나 아버지인 로드리고 두테르테는 그녀를 자신이 가장 좋아하는 아이로 여겼다. 사라 두테르테는 산페트로 대학에서 호흡기 치료학을 전공하여 1999년에 졸업했다. 그녀는 나중에 산 세바스찬 대학에서 법학 학위를 받고 2005년에 사법시험에 합격했다. 그 후 그녀는 대법원 부판사 사무

---

13) Kreuzer, Peter. "Patronage Democracy and the Politics of Coercion: Characteristics and Legitimacy." in the report on A Patron-Strongman who Delivers: Explaining Enduring Public Support for President Duterte in the Philippines. Peace Research Institute Frankfurt, 2020.

실에서 법원 변호사로 몇 달 동안 일했다.14)

사라 두테르테의 정치 경력은 2007년부터 2010년까지 다바오시의 부시장을 역임하면서 시작되었다. 그녀는 그 후 시장이었던 아버지를 대신하여 2010년부터 2013년까지, 그리고 다시 2016년부터 2022년까지 다바오시의 시장을 역임했다. 시장으로서의 임기 동안 그녀는 강력한 리더십과 공공 서비스 확대에 헌신한 것으로 알려져 있다. 대통령의 딸이자 다바오시 시장으로서 그녀의 명성이 전국적으로 알려지게 된 계기는 그녀가 주도해서 만든 '변화를 위한 동맹'(Hugpong ng Pagbabago, HNP)이라는 지역 정당과 이를 중심으로 전국적인 연합을 구성하기 시작하면서부터였다. 당시 그녀의 정치적 역량은 현직 하원의장을 교체하는 사건으로 대중들에게 알려졌다. 2018년 7월 당시 두테르테 대통령의 최측근이던 알바레즈(Pantaleon Alvarez)가 하원의장으로 있었는데, 그는 사라 두테르테가 추진한 HNP에 반대한 인물이었다. 자신의 정치적 기획에 반대하는 알바레즈를 사라 두테르테는 다수의 하원의원을 동원하여 몰아내고 자신의 정치적 어머니라고 부르는 전 대통령 아로요를 하원의장으로 추대했다.15) 이 사건은 사라 두테르테가 전국적으로 영향력 있는 정치인으로 부상하는 계기가 되었다. 2018년에 창당한 HNP는 2019년 필리핀 총선에서 여권 선거연합의 중요한 역할을 담당했다.

---

14) Wikipedia, "Sara Duterte," https://en.wikipedia.org/wiki/Sara_Duterte (검색일: 2024.01.10.).
15) Cepeda, Mara, "The Women Behind the fall of Alvarez," Rappler, Jul 27, 2018 https://www.rappler.com/newsbreak/in-depth/208287-women-behind-fall-pantaleon-alvarez-speaker-house-representatives/ (검색일: 2024.01.10.).

Ⅳ. 마르코스 가문과 두테르테 가문의 연합과 분열 조짐

퇴임 직전까지 높은 국민적 지지도를 누렸던 두테르테 대통령은 퇴임 후에도 정치적 영향력을 유지하기 원했다. 그는 사라 두테르테를 대통령으로 그리고 자신은 부통령으로 출마하는 것을 고려했다. 또 다른 선택은 사라 두테르테가 대통령에 출마하고, 자기 오른팔 격인 봉고(Bong Go) 상원의원을 부통령에 출마시키는 계획이었다.16) 이러한 구상은 각종 여론조사에서 사라 두테르테가 대통령 선호도 1위를 차지하고, 부통령 선호도에서는 두테르테 대통령 자신이 1위로 나타났기 때문이었다. 그러나 두테르테 대통령의 구상은 사라 두테르테의 다른 정치적 선택으로 무산되었다. 그녀는 아버지 두테르테 대통령의 뜻에 반하여 전국 선거에 출마하지 않고 자신이 현직으로 있는 다바오시 시장 후보로 등록했다.

그녀가 스스로 등록했던 다바오시 시장 후보에서 부통령 후보로 봉봉 마르코스의 러닝메이트가 되기로 결심한 데에는 두 명의 정치인이 깊이 관여한 것으로 알려졌다. 그 하나는 봉봉 마르코스의 누나이자 현직 상원의원인 아이미 마르코스(Imee Marcos)이고, 또 다른 하나는 전 대통령이자 현 하원의원인 글로리아 마카파갈 아로요(Gloria Macapagal Arroyo)였다. 이 둘이 사라 두테르테를 설득하여 아로요가 명예 당 대표로 있는 기독교무슬림민주당(Lakas-CMD)의 부통령 후보로 출마하게 했다.17) 두테

---

16) Morales, Neil Jerome and Karen Lema, "Philippine ruling party leaders endorse Duterte for VP in 2022," Reuters, August 6, 2021,
https://www.reuters.com/world/asia-pacific/philippine-ruling-party-leaders-endorse-duterte-vp-2022-2021-08-06/ (검색일: 2024.01.10.).

르테 대통령은 당시 대선 후보 중에서 봉봉 마르코스를 탐탁지 않게 생각했다. 그는 약한 지도자로서 국가를 이끌 인물이 아니라고 봤다. 그러나 사라 두테르테가 봉봉 마르코스의 부통령 러닝메이트로 등록하고, 마르코스-두테르테 단일팀(Uni Team)의 대선 선호도가 압도적으로 여타 후보들에게 앞서자 두테르테 대통령은 대선 경쟁 자체에서 한발 물러났다.

필리핀 선거, 특히 대선에서는 후보자의 대중적 인기와 함께 지역 유력 가문들 간에 전국적인 연합을 형성하는 것이 중요하다.[18] 필리핀은 지역마다 고유한 지방 언어를 중심으로 지역 정체성이 강하게 형성되어 있다. 이를 바탕으로 지역마다 존재하는 유력 정치 가문의 표 동원력이 대단히 크다. 마르코스-두테르테 단일팀은 지역적으로 루손 북부의 마르코스 가문과 남부 민다나오의 두테르테 가문의 연합으로서 선거 승리를 위한 이상적인 조합이었다. 거기에다 루손 중부지역인 팜팡가를 거점으로 하는 아로요와 중부 비사야스 세부주의 주지사 가르시아(Gwendolyn Fiel Garcia)의 딸이 사라 두테르테의 비서라는 점에서 전국적인 구도를 완성한 것이었다. 선거 결과 마르코스-두테르테 연합이 전국 대부분 지역에서 과반을 득표한 사실은 이러한 정치 가문의 전국적 연합이 있었기 때문이었다.

그러나 마르코스 가문과 두테르테 가문의 연합은 대선이 끝나자마자 균열 조짐을 보이기 시작했다. 이는 봉봉 마르코스 당선자가 각료 인선

---

[17] Gregorio, Xave, "Political clans form coalition to support Bongbong-Sara tandem," Philstar, Nov. 25, 2021,
https://www.philstar.com/headlines/2021/11/25/2143769/political-clans-form-coalition-support-bongbong-sara-tandem (검색일: 2023.12.20.)
[18] 정법모, "필리핀 2022: 전통적 가문 정치의 귀환과 코로나 19 이후의 경제회복 과제," 『동남아시아연구』 제33권 1호, 2023, pp. 281-315.

을 시작하면서부터 나타났다. 필리핀의 부통령은 공식적으로 어떤 특별한 직무가 있는 것이 아니다. 따라서 예의상 대통령은 부통령 당선자에게 정부의 직책이나 혹은 각료 자리를 제공하는 것이 일반적이다. 사라 두테르테는 이미 선거 과정에 자신이 부통령에 당선되면 국방장관 자리를 원한다고 밝힌 바 있다.[19] 필리핀에서 군부는 마르코스 독재정권 하에서 정치화된 이후 중요한 정치적 행위자가 되었다. 이러한 군부의 수장인 국방장관은 막강한 권력과 더불어 전통적으로 차기 대권 주자로 자주 등장했다. 차기 대권을 생각하는 사라 두테르테의 이러한 기대와는 달리 봉봉 마르코스 대통령은 국방장관 자리에 다른 사람을 임명하고, 사라 두테르테에게는 교육부 장관직을 제안했다. 이러한 제안에 대해 그녀는 잠시 침묵으로 불만을 표시하다가 결국 대통령의 제안을 수용했다.

또 다른 균열의 조짐은 지난 대선에서 마르코스-두테르테 팀의 후견인이나 다를 바 없었던 아로요 전 대통령이자 하원의원과 관련하여 나타났다. 동시선거인 필리핀에서 봉봉 마르코스 정부와 함께 출범한 제19대 의회의 하원의장으로 마르코스 대통령의 사촌이자 여권의 최대 정당(Lakas-CMD) 대표인 로무알데즈(Martin Romualdez)가 선출되었다. 아로요는 하원에서 의장 다음 순위인 선임 부의장(Senior Deputy Speaker)에 선출되었다. 필리핀 의회에서 현직 의장의 의사에 반해서 의원 과반수의 결의로 의장을 교체하는 일이 있는데, 이를 '의회 쿠데타'라고 부른다. 다당제이며 정당 충성도가 낮은 필리핀 의회 현실에서 이러한 의회 쿠데타는 종

---

19) Galvez, Daphne, "Marcos says Sara Duterte wants the job of Defense chief," Inquirer.net, Jan. 24, 2022.
  https://newsinfo.inquirer.net/1544480/marcos-says-sara-duterte-wants-to-be-defense-secretary. (검색일: 2023.12.20.)

종 일어난다. 2023년 5월 17일 필리핀 하원에서 갑자기 아로요 의원의 선임 부의장 직위를 박탈하는 결의안이 통과되었다. 그 이유로는 아로요와 일부 의원들이 로무알데즈 의장을 몰아내는 의회 쿠데타를 시도했다는 것이었다. 여기에 부통령 사라 두테르테도 연루된 것으로 알려졌다. 이 사건이 불거지자 아로요는 쿠데타 의혹은 사실이 아니라고 부인했지만, 5월 19일 사라 두테르테가 로무알데즈가 대표로 있는 기독교무슬림민주당(Lakas-CMD)에서 탈퇴함으로써 양측 간의 분란을 기정사실로 했다. 이 사건을 계기로 차기 대선 경쟁에서 사라 두테르테의 경쟁자로 마르코스 대통령의 사촌 로무알데즈가 급속히 주목을 받았다.[20]

한편, 두테르테 전 대통령에 대한 비판의 목소리와 움직임이 정치권에서 나타나기 시작했다. 이는 두테르테 정부 시절에 자행되었던 인권유린에 관한 것이었다. 두테르테 전 대통령은 '마약과의 전쟁'과 관련하여 저지른 불법적 살해에 대해 국제사법재판소(ICC)에 기소된 상태이다. 자신의 집권 시에는 필리핀 정부에서 ICC 조사단의 입국조차 거부하였으며, 더 나아가 ICC의 설립 근거가 되는 로마협약(Rome Statute)으로부터 탈퇴를 선언한 바 있다. 봉봉 마르코스 대통령은 집권 초기 ICC에 의한 두테르테 전 대통령의 조사를 허용하지 않겠다고 밝혔다. 그러나 하원에서 ICC에 복귀해야 한다는 결의안이 나오는 등 다양한 압력이 있자, ICC 복귀를 검토해보겠다는 태도로 선회했다. 그뿐만 아니라 두테르테 정부 시절에 발생했던 권력 남용, 부정부패, 언론탄압 등 다양한 문제들에 대한 비판의 목소리가 하원을 중심으로 점차 높아졌다.

---

20) De Leon, Dwight, "Martin-Sara Duterte rift: House leaders back Romualdez, decry 'political bickering'," Rappler, Jun 8, 2023, https://www.rappler.com/nation/house-leaders-back-martin-romualdez-decry-bickering-rift-with-sara-duterte/ (검색일: 2023.12.20.)

두테르테 전 대통령에 대한 전방위 압박과 더불어 사라 두테르테 부통령에 대한 공격도 본격화되었다. 그녀에 대한 공격은 주로 정부 예산에 대한 부적절한 사용과 관련이 있다. 이는 그녀의 이미지를 부패한 정치인으로 몰아 대중의 높은 인기도에 타격을 주기 위함으로 볼 수 있다. 우선, 그녀가 장관으로 있는 교육부에서 온라인 수업에 사용하기 위해 구입한 태블릿 PC가 시중 가격보다 훨씬 높게 책정되었고, 적절한 입찰 절차를 거치지 않았다는 이유로 감사원(Commission on Audit)의 조사를 받았다.21) 더불어 2022년 후반부에 그녀가 사용한 특활비(confidential fund) 1억2천5백만 페소의 사용처가 불명확하다는 의혹이 불거졌다.22)

한편, 의회에 제출된 2024년도 정부 예산안에 사라 두테르테의 책임 하에 있는 부통령실과 교육부에 총 500만 페소의 특활비가 포함된 것이 의회 심의과정에서 논란이 되었다. 의회에서 부통령실이 신청한 특활비에 대해 비판의 목소리가 높아지자 사라 두테르테는 그러한 의원들에 대해 국가 안보를 위협하는 "국가의 적"(enemy of the state)이라며 반격하고 나섰다. 그러나 의회 의원들의 강력한 반대와 함께 각종 논란에 휘말린 부통령에 대한 탄핵 요구까지 나왔다. 특활비에 대한 부정적 인식이 대중들 사이에 번지자 결국 사라 두테르테는 더는 정치적 분열을 원하지 않는다는 명분을 내세워 부통령실과 교육부의 특활비를 포기한다고 발표했다.23)

---

21) Galvez, Daphne, "VP Duterte orders probe into 'pricey, outdated' laptops, asks COA for 'fraud audit'," Inquirer.net, Aug. 15, 2022,
https://newsinfo.inquirer.net/1646892/vp-duterte-orders-probe-on-pricey-outdated-laptops-asks-coa-for-fraud-audit (검색일: 2023.12.21.)
22) Manalang, Ashlee, "Confidential Funds Controversy Erupts in Philippines," Geopolitidal Monitor, Oct. 18, 2023,
https://www.geopoliticalmonitor.com/confidential-funds-controversy-erupts-in-philippines/ (검색일: 2023.12.21.)

이처럼 자신의 가족에 대한 압박이 들어오자 두테르테 전 대통령은 필리핀 하원에 대해 "가장 부패한 기관"이라고 비판하며 정면으로 맞섰다. 그는 필리핀 하원이 온갖 부정부패의 온상이며, 필리핀 국민의 이익에 반하는 각종 이권이 거래되는 장소라고 비난했다.24) 이러한 발언에 대해 두테르테 자신이 속한 필리핀민주당(PDP-Laban)의 의원들도 동요했다. 필리핀민주당은 두테르테 집권 시기인 제17대 의회(2019-2022)에서 집권 여당으로 의원 수 123명까지 거느렸던 최대 정당이었다. 그러나 마르코스 정부가 들어서자 대부분의 소속 의원들이 이탈하여 현재는 겨우 7명만 남은 군소정당으로 전락했다. 이탈한 많은 수의 의원들은 현 집권 여당인 기독교무슬림민주당(Lakas-CMD)으로 이동했다. 두테르테 전 대통령은 자신에 대한 ICC의 조사와 자신의 딸인 부통령에 대한 탄핵이 진행될 경우 2025년 선거에 직접 상원의원으로 출마하여 정치에 복귀할 것이라고 밝히고 있다.25)

---

23) Magsambol, Bonz, "After backlash, Sara Duterte drops bid for P650-M confidential funds in 2024 budget," Rappler, Nov. 9, 2023.
https://www.rappler.com/philippines/office-vice-president-drops-request-confidential-funds-2024-budget/ (검색일: 2023.12.21.)
24) Macasero, Ryan, "House members tell Duterte: Stop the threats," Rappler, Oct 15, 2023, https://www.rappler.com/newsbreak/inside-track/house-representatives-tell-rodrigo-duterte-stop-attacks/ (검색일: 2023.12.22.)
25) Palatino, Mong, "Ex-Philippine President Rodrigo Duterte Hints at Return to Politics," The Diplomat, Nov. 27, 2023,
https://thediplomat.com/2023/11/ex-philippine-president-rodrigo-duterte-hints-at-return-to-politics/ (검색일: 2023.12.21.)

V. 맺음말

 필리핀은 1902년 최초로 근대적 선거가 이루어질 정도로 아시아 국가들 가운데서도 일찍이 민주주의 제도가 도입된 국가이다. 1986년 마르코스 독재정권을 붕괴시킨 필리핀 피플파워$^{(People\ Power\ I)}$는 1987년 한국의 민주화, 1988년 대만의 민주화, 1989년 중국의 천안문 민주화 운동, 그리고 1990년대 동남아시아 국가들의 민주화 운동을 촉발한 사건으로 알려져 있다.26) 이처럼 민주주의의 오랜 전통과 모범을 자랑하는 필리핀 정치의 이면에는 정치 엘리트 가문들이 존재한다. 스페인 식민통치 시기부터 나타나기 시작한 전통적 엘리트 가문은 시대와 상황의 변화에 적응하고 생존하면서 오늘날 필리핀 민주주의 제도를 주도하는 세력이 되고 있다. 이러한 필리핀 민주주의를 '대지주 민주주의'$^{(Cacique\ Democracy)}$라고 부르기도 한다.27) 이처럼 특정 가문이 권력을 독점하고 지속하는 현상은 민주적 책임성의 부재와 새로운 정치세력의 부상에 부정적으로 작용한다. 이러한 인식을 바탕으로 1987년 민주화의 결과로 제정된 필리핀 헌법에서는 반정치왕조법$^{(Anti\text{-}dynasty\ Law)}$을 명문화했다. 그러나 반정치왕조법 규정은 필리핀 헌법이 제정된 지 46년이 지난 현재까지 실행법안조차 마련되지 못하고 있다. 이는 필리핀 가문정치의 공고함을 말해준다.

 마르코스와 두테르테는 현재 필리핀에서 대통령과 부통령이 속한 가장 주목받는 정치 가문이다. 이 두 가문의 연합과 분열은 필리핀 정치

---

26) Huntington, Samuel P. The Third Wave: Democratization in the Late Twentieth Century. Norman and London: University of Oklahoma Press. 1991.
27) Anderson, Benedict. "Cacique Democracy and the Philippines: Origins and Dreams." New Left Review, Vol. 169. 1988.

제도가 가지고 있는 특수성에서 기인한다고 볼 수 있다. 전국적 투표로 선출되는 대통령은 각 지역 정치 가문들의 연합이 당선의 중요한 요소가 된다. 그러나 선거 후에는 대통령중심제가 가지고 있는 특성상 권력의 독점현상이 일어난다. 필리핀 선거에서 대통령과 부통령은 러닝메이트로 출마하지만, 투표는 팀이 아닌 개별적 투표를 통해 각각 대통령과 부통령을 선출한다. 국민이 직접 선출한 권력 순위 2위인 부통령에게는 공식적으로 특별한 권한이 부여되지 않고, 대통령 유고 시 그 자리를 대신하는 역할과 차기 대선을 준비하는 것 이외에 특별한 일이 없다. 따라서 국민에게 인기가 많은 사라 두테르테 같은 부통령이 권력을 독점하고 있는 대통령에게는 달갑지 않은 존재이다. 결국 대통령 당선을 위해서는 정치 가문들 간의 연합이 필요하지만, 선거가 끝난 후에는 차기 대선을 위한 정치 가문 간의 경쟁이 다시 시작되는 것이다.

참고문헌

김동엽. "A Political Explanation of Economic Performance: The Post-Independence Philippine Economy."『동아연구』제52집. 2007.

서경교. "필리핀 민주주의와 정치: 필리핀 대중들의 인식과 평가"『동남아연구』제30권 3호. 2020.

정법모. "필리핀 2022: 전통적 가문 정치의 귀환과 코로나 19 이후의 경제회복 과제."『동남아시아연구』제33권 1호. 2023.

Anderson, Benedict. "Cacique Democracy and the Philippines: Origins and Dreams." New Left Review, Vol. 169. 1988.

Balisacan, Arsenio M. and Hill Hall. "An Introduction to the Key Issues." in Balisacan, Arsenio, and Hill, Hal (eds.). The Philippine Economy, Development, Policies, and Challenges. Quezon City: Ateneo de Manila University Press, 2003.

Cepeda, Mara. "The Women Behind the fall of Alvarez." Rappler, Jul 27, 2018

https://www.rappler.com/newsbreak/in-depth/208287-women-behind-fall-pantaleon-alvarez-speaker-house-representatives/ (검색일: 2024.1.10.).

Crace, John. "'The Punisher': Rodrigo Duterte's violent reign as Philippines president to end." The Guardian, Jun 28, 2023. https://www.theguardian.com/world/2022/jun/28/the-punisher-rodrigo-dutertes-violent-reign-as-philippines-president-to-end (검

색일: 2024.1.10.).

De Leon, Dwight. "Martin-Sara Duterte rift: House leaders back Romualdez, decry 'political bickering'." Rappler. Jun 8, 2023. https://www.rappler.com/nation/house-leaders-back-martin-romualdez-decry-bickering-rift-with-sara-duterte/ (검색일: 2023.12.20.)

Galvez, Daphne. "Marcos says Sara Duterte wants the job of Defense chief." Inquirer.net. Jan. 24, 2022. https://newsinfo.inquirer.net/1544480/marcos-says-sara-duterte-wants-to-be-defense-secretary. (검색일: 2023.12.20.)

Galvez, Daphne. "VP Duterte orders probe into 'pricey, outdated' laptops, asks COA for 'fraud audit'." Inquirer.net. Aug. 15, 2022. https://newsinfo.inquirer.net/1646892/vp-duterte-orders-probe-on-pricey-outdated-laptops-asks-coa-for-fraud-audit (검색일: 2023.12.21.)

Gregorio, Xave. "Political clans form coalition to support Bongbong-Sara tandem." Philstar. Nov. 25, 2021. https://www.philstar.com/headlines/2021/11/25/2143769/political-clans-form-coalition-support-bongbong-sara-tandem (검색일: 2023.12.20.)

Huntington, Samuel P. The Third Wave: Democratization in the Late Twentieth Century. Norman and London: University of Oklahoma Press. 1991.

Hutchcroft, Paul D. "Colonial Masters, National Politicos, and Provincial Lords: Central Authority and Local Autonomy in the American Philippines, 1900-1913." The Journal of Asian Studies. Vol. 59, No. 2. 2000. pp. 277-306.

Kreuzer, Peter. "Patronage Democracy and the Politics of Coercion: Characteristics and Legitimacy." in the report on A Patron-Strongman who Delivers: Explaining Enduring Public Support for President Duterte in the Philippines. Peace Research Institute Frankfurt, 2020.

Macasero, Ryan. "House members tell Duterte: Stop the threats." Rappler. Oct 15, 2023.

https://www.rappler.com/newsbreak/inside-track/house-representatives-tell-rodrigo-duterte-stop-attacks/ (검색일: 2023.12.22.)

Magsambol, Bonz. "After backlash, Sara Duterte drops bid for P650-M confidential funds in 2024 budget." Rappler. Nov. 9, 2023. https://www.rappler.com/philippines/office-vice-president-drops-request-confidential-funds-2024-budget/ (검색일: 2023.12.21.)

Manalang, Ashlee. "Confidential Funds Controversy Erupts in Philippines." Geopolitidal Monitor. Oct. 18, 2023. https://www.geopoliticalmonitor.com/confidential-funds-controversy-erupts-in-philippines/ (검색일: 2023.12.21.)

McCoy, Alfred W. "Dark Legacy: Human rights under the Marcos regime." Sep. 1999.

http://www.hartford-hwp.com/archives/54a/062.html (검색일: 2024.1.5.)

Morales, Neil Jerome and Karen Lema. "Philippine ruling party leaders endorse Duterte for VP in 2022." Reuters, August 6, 2021. https://www.reuters.com/world/asia-pacific/philippine-ruling-party-leaders-endorse-duterte-vp-2022-2021-08-06/ (검색일: 2024.1.10.).

Palatino, Mong. "Ex-Philippine President Rodrigo Duterte Hints at Return to Politics." The Diplomat. Nov. 27, 2023. https://thediplomat.com/2023/11/ex-philippine-president-rodrigo-duterte-hints-at-return-to-politics/ (검색일: 2023.12.21.)

Teng, Carla. "Asia's Political Dynasties: Philippines." Asia Media Center. May 24, 2023. https://www.asiamediacentre.org.nz/features/asias-political-dynasties-philippines/ (검색일: 2024.1.10.)

The Philippine Star. "President-elect Rody Duterte as dad & memories of his own father." The Philippine Star June 19, 2016. https://www.philstar.com/lifestyle/sunday-life/2016/06/19/1594237/president-elect-rody-duterte-dad-memories-his-own-father (검색일: 2024.1.10.).

Tomacruz. Sofia. "Bongbong Marcos asked Cambridge Analytica to 'rebrand' family image." Rappler July 15, 2020. https://www.rappler.com/nation/bongbong-marcos-cambridge-analytica-rebrand-family-image/ (검색일: 2024.1.10.).

Toni Gonzaga Studio. "The Greatest Lesson Bongbong Marcos Learned From His Father." Interview video. Sep. 13, 2021. https://www.youtube.com/watch?v=1EwMAiqLUhM (검색일: 2024.1.10.).

Wikipedia. "Bongbong Marcos."
https://en.wikipedia.org/wiki/Bongbong_Marcos (검색일: 2024.1.10.).

Wikipedia. "Ferdinand Marcos."
https://en.wikipedia.org/wiki/Ferdinand_Marcos (검색일: 2024.1.10.).

Wikipedia. "Rodrigo Duterte."
https://en.wikipedia.org/wiki/Rodrigo_Duterte (검색일: 2024.1.10.).

Wikipedia. "Sara Duterte." https://en.wikipedia.org/wiki/Sara_Duterte (검색일: 2024.1.10.).

Wee, Sui-Lee and Camille Elemia. "The Marcos-Duterte Ticket Won. Can This Philippine Alliance Last?" The New York Times. Jan. 10, 2023.
https://www.nytimes.com/2023/01/10/world/asia/philippines-marcos-duterte.html (검색일: 2024.1.10.).

저자 약력

김 동 엽 (金東燁, Kim Dongyeob)

소　　속 ｜ 부산외국어대학교 아세안연구원
학　　력 ｜ 필리핀국립대학교 정치학 박사
주요 저서 ｜ 『글로벌지역학연구: 지역학의 새로운 패러다임 모색』(공저, 2022), 『동남아시아 한인: 도전과 정착 그리고 미래』(공저, 2022), 『필리핀: 한인 이주의 역사와 발전, 그리고 정체성』(2021), 『총체적 단위로서의 동남아시아의 인식과 구성』(공저, 2021), 『나를 만지지 마라 1, 2』(역서, 2015), 『동남아의 역사와 문화』(공역, 2012) 등

8장

기울어진 구조와 준비된 후보:
2024년 대만 총통 선거 결과 분석

김수한 (인천연구원)

2024년 1월 13일, 대만 제16대 총통선거에 세계의 이목이 쏠렸다. 선거 결과가 양안 관계는 물론 미중 강대국 전략경쟁을 비롯한 국제정세의 향방에 큰 영향을 끼치기 때문이다. 이번 대만 총통선거를 다룬 많은 국내외 언론 보도는 주로 '대만의 정치과정을 둘러싼 미국과 중국의 공방, 그리고 이로부터 영향을 받은 대만 국민의 선택'이라는 틀을 가지고 이슈를 다뤘고, 주로 '미중 대리전인 대만 대선'과 같은 기사가 지면을 채웠다.

미중 경쟁으로 인한 대만해협 긴장 고조 등 대외환경을 고려했을 때 안보문제가 총통선거의 핵심 이슈임에는 분명하다. 그럼에도 불구하고 대외적 요인만으로 대만의 총통선거 결과를 진단할 수는 없으며, 여러 요인과 상호 작용을 하면서 점진적으로 형성된 대만 고유의 사회적 맥락 및 이로부터 영향을 받는 선거 행태에 대한 종합적 이해가 필요하다. 이 글에서는 대만 사회구조 변화에 주목하여, 변화하는 구조에 적응하며 유연한 전략과 역량을 발휘한 정당과 후보가 누구였는지를 중심으로 2024년 대만 총통선거의 결과를 돌아본다.

Ⅰ. 2024년 대만 총통선거 돌아보기

이번 대만 총통선거에서는 집권 민진당의 라이칭더 후보가 40.05%의 지지를 받아 승리했다. 제1야당인 국민당의 허우유이 후보는 33.49%, 민중당의 커원저는 26.46%를 득표했다. 2024년 5월부터 대만 총통직을 수행하게 될 라이칭더(65세)는 신장내과 전문의로서 남부 타이난을 지역구로 4선의 입법위원을 거쳐 타이난시 민선 1~2기 시장을 역임했다. 이후 국무총리 격인 행정원장을 맡아 중앙정부를 운영했으며 2020년 현 차이잉원 총통의 러닝메이트로 부총통에 당선되었다. 그는 민진당 내부에서도 강경한 대만독립 지향을 표방하는 신조류(新潮流) 파벌에 속한다. 67세의 국민당 후보 허우유이는 정통 경찰관료 출신으로 경찰청장과 경찰대 총장을 역임했다. 경찰청장 재임 시 고질적인 경찰 부패 문제를 일소하는 등 성과를 거뒀다. 이후 국민당에 입당하여 한국의 경기도와 비슷한 위상을 갖는 신베이시의 부시장을 거쳐 2018년 시장에 당선되었다. 그는 2022년 재선에 성공, 민선 지방자치단체장으로서도 성공적 경력을 쌓았다. 2023년 국민당 당내 경선을 통해 총통 후보로 뽑혔지만, 여론 조사에서 계속 부진을 면치 못하고 있었다. 그러나 같은 해 11월 민중당 커원저와의 야권 단일화 협의가 결렬된 이후 오히려 지지율이 급증했다. 민진당의 8년 집정에 실망해 정권교체를 바라는 대만 민심이 제1야당인 국민당 후보로 쏠린 결과다. 부총통 러닝메이트로 유명 보수 언론인 자오샤오캉을 지명하여 국민당 지지자의 결집에 주력했지만, 역전에는 실패했다. 민중당 후보인 커원저는 외과의사 출신으로 언론 기고문 등을 통해 대중에게 이름을 알렸다. 2014년 무소속으로 수도인 타이베이시의 시장에 당선되었다. 민진당은 당시에 후보를 내지 않는 등 암묵적인 지지를 보냈다. 그는 무소속을 유지하며

2018년 타이베이시 시장 재선에 성공했고 이듬해 민중당을 창당하여 제3세력으로 정계에 자리를 잡았다. 2023년 총통선거 레이스가 본격화된 이후 국민당 허우유이보다 높은 지지율을 보이며 선전했으나, 야권 단일화 결렬 이후 지지율이 계속 하락했다. 최종적으로 26.46%를 득표하여 제3의 정치세력으로서 명맥을 유지하는 데 성공했다.

[표 1] 대만 16대 총통선거 주요 후보 프로필

	라이칭더(賴清德)	허우유이(侯友宜)	커원저(柯文哲)
정당	민주진보당(집권당)	중국국민당(제1야당)	대만민중당(제2야당)
출생	1959.10.06 (타이베이)	1957.06.07 (남부 자이)	1959.08.06 (북부 신주)
주요 경력	내과 의사 (대만대 재활학과. 성공대 의대. 하버드대 공공보건 석사) 입법위원(4선) 타이난 시장('10~'17) 행정원장('17~'19) 부총통('20~현재)	경찰 (중앙경찰대. 법학박사) 경찰청장('06~'08) 신베이 부시장('10~'18) 신베이 시장('18~현재)	외과 의사 (대만대 박사) 타이베이시장('14~'22) 민중당 창당('19.08)

출처: 언론보도 등을 종합하여 저자 정리

Ⅱ. 기울어진 사회구조와 총통선거

앞서 언급한 바와 같이 미중의 압박과 영향, 그리고 이에 반응한 대만 국민의 정세 인식을 프레임으로 한 선거 관련 언론보도가 주를 이뤘다. 그러나 4년 전의 제15대 총통선거와 비교해 보았을 때 대외적 영향력은 상대적으로 적었다. 당시 홍콩 시위에 대한 중국의 강경 대처로 인해 선거 초반 열세에 처해 있었던 민진당 차이잉원 후보는 국민의 반중 열기에 힘입어 국민당 한궈위 후보를 제치고 57.1%의 득표율로 재선에 성공했다.

"안전한 대만, 부자된 국민(臺灣安全人民有錢)"이라는 국민당 선거 구호는 양안관계 안정을 통해 경제발전을 도모하자는 것이었다. 2018년 지방선거에서 한궈위는 '부자되세요(發大財)'를 외치며 국민당 소속으로는 최초로 대만 민주화의 성지이자 민진당의 텃밭인 남부 가오슝시의 시장에 당선되며 일대 파란을 일으켰다. 그는 중국과의 관계 개선과 경제성장을 앞세운 대중적 캠페인으로 신드롬을 일으키며 줄곧 정치적 성공을 거두었다. 쟁쟁한 정치 거물을 꺾고 국민당 총통후보 자리까지 거머쥐었다. 하지만 2019년 홍콩 시위의 여파로 한궈위의 이같은 구호는 더이상 국민의 호응을 얻지 못했다. 송환법 반대와 민주화를 외치며 거리에 쏟아져 나온 홍콩 시민들, 정부의 폭력적인 강경 진압 장면을 미디어로 실시간으로 목격한 대만 국민은 '대만은 이겨야만 한다(臺灣要贏)'는 간결하지만 분명한 반중 구호를 앞세운 민진당의 차이잉원에 과반의 표를 몰아주었다. 2016년 국민당으로부터 정권 탈환에 성공한 차이잉원 정부는 연정 파트너와의 마찰, 좀처럼 개선 여지가 보이지 않았던 경제 상황 등으로 인해 재선 가도에 빨간불이 켜진 상황이었다. 그러나 범죄인 송환법을 반대하는 홍콩 시위가 격화되면서 양안관계가 블랙홀처럼 모든 대선 이슈를 집어삼켰다. 양안관계 해결의 유일 방안이자 원칙으로 일국양제를 고수하고 있는 중국에 대한 대만 국민의 우려와 경계가 커졌다. 홍콩이 대만의 미래가 될 수도 있다는 말이 회자되었다.[1] 이번 2024년 선거 역시 양안 이슈가 크게 불거졌다. 민진당 후보를 견제하기 위한 중국 당국의 집요한 압박과 위협이 줄을 이었다. 이는 안보·군사적 조치에만 머물지 않고 경제적 실력 행사로까지 이어졌다.[2] 미국 역시 중국의 대만선거 개입을 비판하면서 선거 직후 대만에 비공식 대표단을 파견할 것이라고 공언하는 등 중국과 날이 선 공방에 나섰다.[3] 그러나 4년 전과 비교했을 때, 이와 같은 양안 이슈 영향력이 총통선거 결과를 좌우할 수준까지 이르지는 않았다.

[그림 1] 및 [그림 2]와 같이 대만 국민의 대다수가 대만인으로서의 정체성을 갖고 있으며 급진적인 독립이나 통일이 아닌 현상 유지를 바라는 사회 인식구조에서 '하나의 중국'을 전제로 한 그 어떤 양안 협력의 비전도 대중에게 어필하기 어렵다. 대만 국립정치대 선거연구센터의 조사에 따르면 1992년 기준 스스로 대만인이자 중국인이라 인식하고 있는 비율이 45.4%에 달했지만 2023년 7월 조사에서는 30.5%로 줄어들었다. 반면 1992년 17.6%에 불과했던 대만인이라는 응답은 2023년 현재 62.8%로 다수를 점하고 있다. 한편 자신을 중국인이라고 여기는 대만 국민은 1992년 25.5%에서 2023년 2.5%로 감소했다. 그러나 이와 같은 대만 국민의 정체성 인식 변화가 바로 양안관계에 있어 독립 추구

---

1) 2020년 대만 총통선거의 대내외 여건에 대한 자세한 내용은 김수한(2020) 참고.
2) 중국은 '하나의 중국' 원칙을 인정하지 않는 민진당 후보가 당선될 경우 양안 경협이 순조롭지 않을 것임을 시사하며 2024년 1월 1일부터 대만산 화학제품 12개 품목에 대한 관세 감면을 중단하는 조치를 전격적으로 취했다. 하나의 중국을 인정하는 소위 92컨센서스를 전제로 하여 2010년 체결된 양안경제협력기본협정(ECFA)에 따라 현재 중국과 대만은 대만산 267개, 중국산 539개 품목에 대해 무관세나 낮은 관세 혜택을 적용하고 있다.
3) 대만 총통선거를 앞두고 중국과 미국 간의 공방에 대해서는 동아일보(2024/01/13) 참고.

로 이어지는 것은 아니다. [그림 2]와 같이 '양안관계의 현황을 유지하여 추후 결정'과 '지속해서 현황 유지'의 비율이 각각 32.1%와 28.6%로 다수를 점하고 있다. '가능하면 빨리 통일' 또는 '현황 유지하며 통일 추구' 의견은 각각 1.6%와 6%로 소수이며, '가능하면 빨리 독립 추구' 의견 역시 4.5%에 불과하다. 단, '현황 유지하며 독립 추구' 의견이 1992년 8%에서 2023년 21.4%로 늘어났다.

  대만 국민의 다수가 중국인이 아닌 대만인이라는 정체성을 갖고 있지만, 중국과의 충돌을 야기할 급진적인 독립을 추구하기 보다는 양안이 분리되어 있는 현상을 유지하거나 현상을 유지하면서 점진적인 변화를 원하는 상황에서, 대만 총통선거에 나선 주요 정당의 후보는 어떤 주장과 약속을 통해 표심을 사로잡고자 했을까?

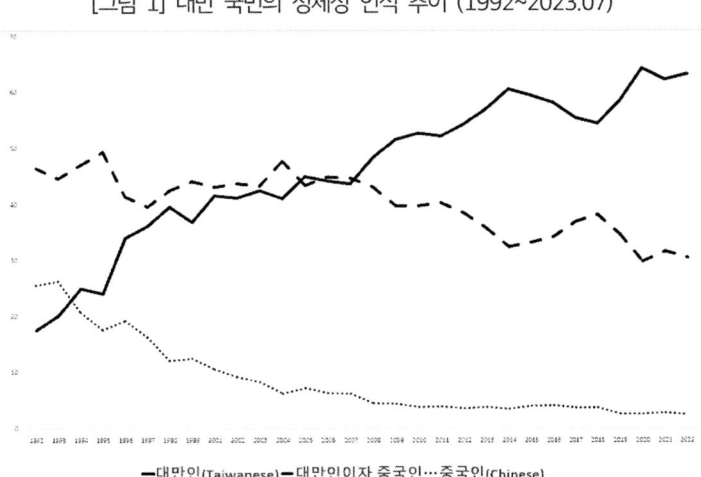

[그림 1] 대만 국민의 정체성 인식 추이 (1992~2023.07)

출처: 대만 국립정치대 선거연구센터 자료 활용하여 저자 작성 (https://esc.nccu.edu.tw: 검색일 2024.01.04)

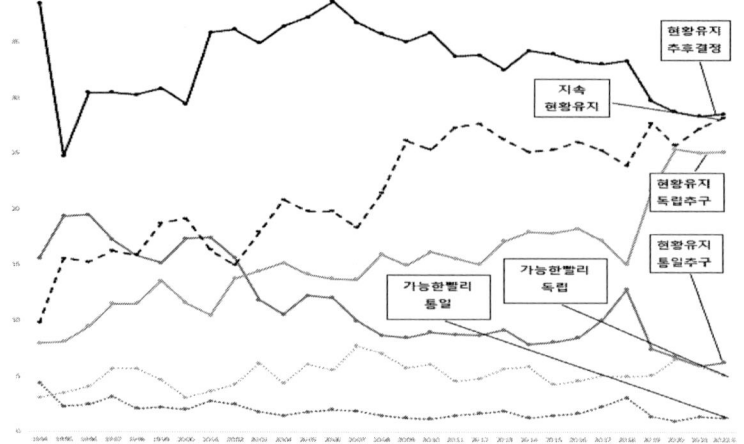

출처: 대만 국립정치대 선거연구센터 자료 활용하여 저자 작성 (https://esc.nccu.edu.tw: 검색일 2024.01.04.)

Ⅲ. 변화에 적응한 양안관계 비전

이번 대만 총통선거에 나선 후보의 주요 공약을 정리하면 [표 2]와 같다. 불안정한 주택시장에 대한 국민의 불만을 달래기 위해 모든 후보가 부동산 투기 억제 및 공공주택 공급 확대를 공약하는 한편, 서로 차별화된 사회경제 정책을 공표했다.

[표 2] 대만 총통선거 후보별 주요 공약

		라이칭더	허우유이	커원저
안보국제	양안관계 국제	실용적 평화안정 민주진영 협력 강화	친미화중(親美和中) 92컨센서스, 양안안정 국제지명도 강화	양안일가친 (兩岸一家親) 대만자주, 양안평화 상호신뢰 원칙
	국방	국방 전력 제고	국방 전력 강화	국방자주 국방비 GDP 3% 달성
경제산업	경제	혁신경제 글로벌 비즈니스 확대	임금 인상, 감세 인플레이션 대비	AI산업 전환 고임금 일자리 창출
	에너지	재생에너지 확대 2026년 원전 대체	1~3 핵발전소 연장 4기 원전 재추진	체계적 에너지 전환 2050 탄소중립
사회민생	주택	공공주택 다양화 부동산투기 억제	공공주택 대출 확대 임대료 지원	공공주택 대량 공급 임대료 지원
	교육	육아 부담 경감 중고등 학비 면제	기술교육 발전 학비 대출 이자 면제	평생학습, 교육개혁 영어교육

출처: 언론보도 등을 종합하여 저자 작성

한편 세 후보의 양안관계 및 안보 분야에 있어서는 상당한 차이가 있음을 알 수 있다. 라이칭더는 대만의 주권을 강조하며 미국, 일본 등 민주국가와의 국제협력을 통한 대만의 글로벌 지위 향상을 공약했다. 그러나 대만독립에 대한 분명한 정치 철학을 가진 것으로 알려진 라이칭더는 선거 기간 대만독립 주장을 공개적으로 천명하지 않았다. 라이는 온건한 차이잉원 정부의 양안관계 노선의 계승을 공언하여 현상 유지를 바라는 대만 국민의 지지를 얻기 위해 노력했다. 그는 2023년 7월 6일 월스트리트저널에 '대만해협의 평화를 지키기 위한 나의 계획'이라는 제목의 기고문을 통해 대만 억지력 강화, 경제 안보, 민주주의 국가와 파트너십, 양안 리더십 등 '평화를 위한 4개 핵심 계획'을 밝혔다. 그는 실용성과 일관성을 우선시하면서 대만과 국제사회에 최대 이익이 되는 양안 현상 유지를 지지할 것이며 1월 선거에서 총통으로 당선되더라도 독립 선언 계획이 없다고 밝혔다.4) 그는 2017년 행정원장에 취임하면서 자신을 대만독립을 위한 실용주의자로 지칭한 바 있다. 특히 홍콩시위로 인해 반중열기가 고조되었던 2020년 총통후보 경선에 나선 라이칭더는 당시 차이잉원 총통의 온건한 양안관계 노선을 맹공했다. 변화하는 사회구조에 보조를 맞춰 실용적이며 유연한 태도를 보인 라이칭더의 변신이 눈에 띈다. 한편 중도노선을 표방하고 있는 커원저 역시 양안 평화를 위한 상호 신뢰의 원칙을 내세우며 자주국방을 위해 국방비를 GDP의 3%까지 끌어올리겠다고 공약했다.

물론 국민당 역시 탈 친중 이미지를 보이기 위해 부단히 노력했다. 우선 허우유이 후보의 경력 등에 있어서 중국과의 접점을 찾기 어렵다. 성균중국연구소(2024: 7-8)에서는 세계 언론에서 국민당 후보를 친중 후보로 묘사하고 있지만 사실에 부합하지 않는 평가라고 말한다. 즉 경찰 출신이자 본성인 뿌리를 가진 허우유이가 국민당 총통 후보로 선출된 이유 가운데 하나가 바로 그가 국민당 내에서 가장 친중적이지 않은 후보였기 때문이라는 것이다. 허우유이는 경찰 출신이기 때문에 중국과의 관계에서 어떠한 교차점도 없고 중국을 방문한 이력이 없다. 또한 허우 후보는 선거 유세 중에 보통화보다는 대만어를 주로 사용하면서 자신의 대만 본토주의 정체성을 강조했고, 대외적으로 국민당의 친중 이미지를 불식시키고 미국의 지지를 받는 후보라는 이미지 구축을 위해 노력했다. 국민당과 허우유이 후보는 양안관계 공약에도 공을 들였다. 허우 후보는 2023년 9월 미국 방문기간에 양안문제의 해법으로 전쟁억지

---

4) 라이칭더 기고문에 대한 자세한 분석은 시사저널(2023/07/19) 참고.

(deterrence), 대화(dialogue), 긴장완화(deescalation)를 의미하는 "3D 전략"을 제안했다. 즉 대만해협의 긴장 완화를 위해 중국과의 대화를 도모하는 동시에 대만 방어를 위한 국방력을 강화하는 데 초점을 맞추겠다는 것이다. 그러나 '하나의 중국' 원칙 즉, 92 컨센서스에 대해서는 여전히 수세적이며 모호한 언급 수준에서 머물렀다. 중국과의 관계에 대한 허우 후보의 공식적인 수사는 "중화민국 헌법에 부합하는 92 컨센서스를 수용하며, 서로의 주권은 인정하지 않되 서로의 통치권은 부정하지 않는다."라는 것이었다.[5]

Ⅳ. 준비된 후보 : 정당·후보 지지율 추이 및 매력도

민진당의 라이칭더와 국민당의 허우유이 모두 사회구조 및 국민인식의 변화에 발맞춰 국민의 선택을 받기 위한 비전과 정책을 제시했다. 그러나 강경한 독립투사의 이미지가 아닌 실용적이면서도 능력있는 정치인의 면모를 보인 라이칭더에 비하여 국민당과 허우유이는 여전히 새로운 양안관계와 대만 주권 비전을 제시하는 데 실패했다. [그림 3]과 같이 국민당과 민중당의 단일화 결렬을 신호탄으로 하여, 2023년 11월 야당의 본격적인 추격이 있기 전까지 민진당은 2019년 8월 이후 단 한 번도 지지율 1위를 국민당에 넘겨준 적이 없다. 허우유이는 국민당의 총통 후보로 선출된 직후 소위 컨벤션 효과에 힘입어 일시적으로 지지율이 반등했지만 이후 계속 내림세를 보였다.

---

[5] 국민당 및 허우유이 후보의 양안 비전 등에 대한 자세한 내용은 성균중국연구소(2024: 7~8) 참고.

[그림 3] 대만 정당 및 총통후보 지지율 추이

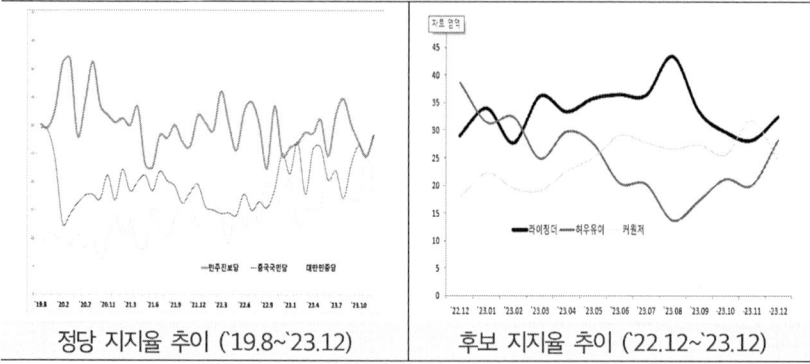

정당 지지율 추이 ('19.8~'23.12)   후보 지지율 추이 ('22.12~'23.12)

출처: 대만민의기금회(TOP) 자료 활용하여 저자 작성 (https://www.tpof.org (검색일: 2024.1.10.)).

    새로운 국정비전 여부는 후보의 매력으로까지 이어졌다. [그림 4]는 대만민의기금회(TOP)에서 2023년 6월 20일 시민 1,080명을 대상으로 한 3개 정당 총통 후보에 대한 분야별 매력도를 조사한 것이다. 조사에 따르면 라이칭더가 외치 및 내치 등 모든 분야에서 강세를 보인다. 라이는 주권 수호와 국제지위 제고에서 각각 43.4%와 39.5%를 얻어 커원저와 허우유이를 압도했다. 민진당이 약세를 보일 것이라 예상되는 양안관계 관리의 측면에서도 28.4%로 가장 앞서 있다. 내치에 해당하는 치국능력에서 라이칭더는 38.3%, 커원저가 23.4%, 허우유이는 16.9%를 기록했으며 안정감·친화력 등 개인적 매력에서도 라이칭더는 각각 34.6%와 32.3%로 우위를 점했다. 커원저는 친화력 부분에서 31.1%로 상대적으로 강점을 보였다. 허우유이는 모든 분야에서 커원저보다도 낮은 지지를 받았다.

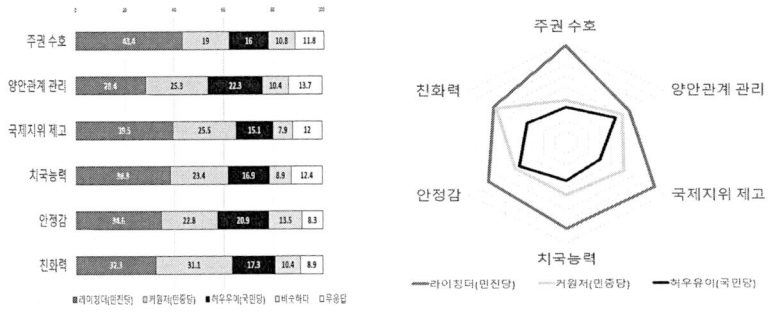

[그림 4] 대만 총통 후보 강점 요인에 대한 시민 인식 (23.6.20)

출처: 대만민의기금회(TOP) 자료 활용하여 저자 작성. https://www.tpof.org(검색일: 2024.1.10.).

V. 종합 및 시사점

　세계의 주목을 받았던 2024년 1월 대만 총통선거는 집권 민진당 라이칭더의 승리로 끝났다. 줄곧 강경한 독립주의자로 주목을 받았던 라이칭더였지만, 실제 선거 레이스에 돌입한 이후에는 온건한 양안의 현상 유지와 동시에 분명한 대만 주권 확립의 주장을 펼쳤다. 이를 통해 대만 국민의 민심을 얻었다. 동시에 통제할 수 없는 중국과의 군사·안보 갈등을 회피하고자 하는 미국 측에도 어필할 수 있었다. 또한 입법위원 및 지방정부 시장을 거쳐 중앙 정치무대의 행정원장과 부총통을 역임한 라이칭더는 내치는 물론 외치, 그리고 개인적 매력 전반에 걸쳐 경쟁자를 압도했다. 민진당과 라이칭더는 줄곧 지지율 우위를 점하고 있었으며 역전을 허용하지 않고 승리를 굳히는데 성공했다. 반면 제1야당의 국민당과 허우유이 후보의 경우 92 컨센서스와 양안관계의 늪에서 헤어나지 못했다. 친중 후보라는 이미지를 벗기 위해 노력했지만,

여전히 모호한 수사를 거듭했고 스스로를 대만인이라고 생각하는 국민을 설득하는데 실패했다.

결국 이번 대만 대선은 '국민 다수가 대만인 정체성을 가지고 있으며, 통일이 아닌 현상유지'를 바라는 기울어진 사회구조에서, 보다 유연하고 국민이 받아들일 수 있는 비전을 제시한 준비된 후보 라이칭더의 승리로 끝났다. 16대 대만 총통선거는 홍콩 사태로 인한 반중 목소리가 높았던 지난 15대 선거와 비교하여, 대외적인 요소보다는 대만 정체성을 갖는 다수의 국민인식 및 이에 부합하는 비전을 제시한 준비된 정당과 후보 등 국내 요인이 더 결정적 영향을 끼쳤다. 이같은 점은 대만 정치과정을 파악하기 위해서는 대외적 요인과 더불어 대만 국내 정치 행위자 및 사회구조적 요인에 대한 종합적인 관찰과 분석이 필요함을 시사한다. 향후 국민당 등 야당이 대만 국민이 납득하는 동시에 미중이 수용할 수 있는 새로운 양안관계 비전을 제시할 수 있을지, 그리고 새로운 비전과 함께 불안정한 대만 국정을 안정적으로 끌고갈 역량 있는 차세대 정치엘리트를 발굴·육성할 수 있을지가 주목된다.

참고문헌

김수한. "미리보는 2024년 대만 대선-지지율 동향 및 각 후보의 경쟁력 탐색." 23-09.CSF. 2023년.

김수한. "2022년 대만 지방선거 결과의 함의와 전망.". 22-12.CSF. 2022년.

김수한. "탈 중국의 대만 민심."『KCI 브리프』. 26. 2020년.

성균중국연구소. "2024년 대만 선거 특별리포트: 양안 거대담론의 한계와 제2정치세력의 약진."『SICS연구보고서』. 24-1.2004. 7-8.

『동아일보』. 2024년 1월 13일.

『시사저널』. 2023년 7월 19일.

https://esc.nccu.edu.tw (검색일: 2024.1.4).

https://www.tpof.org (검색일: 2024.1.10).

저자 약력

김 수 한 (金修漢, Kim Suhan)

소　　속　|　인천연구원 경제환경연구부
학　　력　|　중국사회과학원 법학박사(정부이론)
주요 저서　|　『중국 동북지역 발전전략과 경쟁력 분석』(2021), 『중국 산동 거점도시의 형성과 발전』(2016), 『중국 중부 지역 거점도시의 형성과 발전』(2016) 등